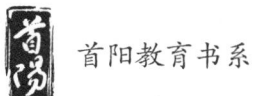
首阳教育书系

新时代班主任的必备素养
—— 做有智慧的引路人

主　编　顾元胜
副主编　顾元浒　邹立国
编　者　吕继鹏　张宗雄　黄多礼　钟强奎

陕西师范大学出版总社　西安

图书代号　　JY25N0893SY

图书在版编目（CIP）数据

新时代班主任的必备素养：做有智慧的引路人 / 顾元胜主编 . -- 西安：陕西师范大学出版总社有限公司，2025. 6. -- ISBN 978-7-5695-5322-2

Ⅰ . G635.16

中国国家版本馆 CIP 数据核字第 2024E2E613 号

新时代班主任的必备素养——做有智慧的引路人
XINSHIDAI BANZHUREN DE BIBEI SUYANG
——ZUO YOU ZHIHUI DE YINLUREN

顾元胜　主　编

出 版 人	刘东风
出版统筹	杨　沁
责任编辑	王元凯
责任校对	于立平　李广新
封面设计	李梦瑶
出版发行	陕西师范大学出版总社
	（西安市长安南路 199 号　　邮编　710062）
网　　址	http://www.snupg.com
印　　刷	西安市建明工贸有限责任公司
开　　本	720 mm×1020 mm　　1/16
印　　张	15.75
字　　数	241 千
版　　次	2025 年 6 月第 1 版
印　　次	2025 年 6 月第 1 次印刷
书　　号	ISBN 978-7-5695-5322-2
定　　价	63.00 元

读者使用时若发现印装质量问题，请与本社联系、调换。
电话：（029）85308697

序 一

春风化雨润心田

一

品读顾元胜所编著的《新时代班主任的必备素养——做有智慧的引路人》书稿时,我的脑海里时不时跳出一个成语和一个人,即春风化雨和叶圣陶先生。

春风化雨出自《孟子·尽心上》,原意是比喻像春风和细雨那样细腻和温柔的教育方式。熟悉叶圣陶先生的人都知道,不仅是他的文学成就,还有其朴质、深刻的教育理念,亦如春风化雨,顾元胜所编著的书中,对新时期班主任工作做了多元化、多维度的梳理,"有如时春风雨化之者"。

以教育理想践行学生的生命成长,班主任担负着非常重要的纽带工作。著名哲学家苏格拉底将教育的本质归结为点燃、鼓舞和唤醒,班主任的作用亦然,即点燃学生的学习热情、鼓舞学生的求知欲望、唤醒学生的思考意识。依据德国哲学家雅斯贝尔斯的论断:"教育就是一棵树摇动另一棵树,一朵云推动另一朵云,一个灵魂唤醒另一个灵魂。"哲学家论断自有高深之处。"一棵树摇动另一棵树"时,班主任强大的气场和包容意识就显得更为重要。班主任的和风细雨,摇动着学生"这棵树"的枝枝叶叶,以一种相互尊重和信任,构成了彼此之间的"点亮和成全",班主任的人格魅力,就会发挥越来越重要的作用。

叶圣陶先生说："教育是什么？简单地说，就是养成良好的习惯。德育方面，要养成待人接物和对待工作的良好习惯；智育方面，要养成寻求知识和熟悉技能的良好习惯；体育方面，要养成保护健康的良好习惯。"话虽直白，其蕴含的哲理很丰富。养成良好的习惯，直接关乎到学生生命质量的高度，使班主任工作充满了挑战。

二

班主任的日常沟通，是处理好学校与社会、家长、学生、课堂内外关系的关键所在，所以沟通能力既是一种学习能力，又是一种表达能力，还是适应岗位的能力。顾元胜先生多年深耕教育，又长期在一线工作，对沟通能力有着更为深刻的认知。他在《新时代班主任的必备素养——做有智慧的引路人》中，将多年工作积累的点点滴滴经验形成了理论架构，更有其针对性。本书的三章内容：第一章侧重班级管理与班主任的自我调适；第二章侧重学生管理；第三章侧重家校沟通。煌煌几十万言，要言不烦，且环环相扣，以整体、综合对应个体与现象，在宏观把握下展示微观的特质，使其成为一本既有理论指导，又有实践经验的课题之书，并系统解读了在班主任精心管理之下，学生的成长密码。

三

真正的教育管理是"心里钻出来的"。让新时期的学生能在校园的"诗与远方"中找到人生的价值，定位其理想和追求目标，并非易事。面对AI时代的流量和小视频、游戏等造成的焦虑和依赖，班主任工作必须正视现实，找出相对应的方法，而非一味地指责和埋怨。南帆先生说："手机、网络、物流快递、小视频、人工智能，这一切重新分割和组织了我们的生活，还重置了我们的时间表，而且重新设定了各种关系。"由此而产生的诸多问题，更需班主任去思考。所以在本书的第二章中，顾元胜专门论述了"对学生使用网络的引导"。引导学生善于利用网络，对学习产生积极作用，而非将网络等作为"玩具"玩物丧志。班主任强有力的引导性也在于此。

四

学生不是宠物，也不是盆栽的花。作为骨干教师、学科带头人、教育一线管理者，顾元胜更明了教育的"当前的意义所在"和"正向的价值培养"。多年来，他一边学习，一边教学，一边思考，一边积累，对如何发挥教育、教学管理中的关键环节——班主任工作，有着清醒的认识和把握的能力，所以每走一校，他都会将教育与教学相结合，学校工作与班主任工作相结合，抓主抓重，使教有所乐、管有所依，校园里形成了一种浓厚的团结和谐的氛围。在这种氛围中，班主任沟通起来有效，管理起来有序，在彼此的温暖和信任中，使教育之花越开越艳。

这是本书的价值所在，也是一个长期植根于教育、教学一线的管理者的成果展示，更是一个存有初心的教育工作者对职业的尊重和信念的坚守。

李学辉

甘肃省作家协会副主席

序 二

随着时代的车轮滚滚向前，教育的图景正经历深刻变革：课堂的边界在消融，知识的权威在解构，学生的成长需求愈发多元。新时代的班主任，站在传统与未来的交界处，既承载着"传道授业"的古老使命，又面临着"启迪心智"的崭新挑战。他们不再是简单的管理者，而是学生精神世界的塑造者、健康成长的引领者、教育生态的共建者。《新时代班主任的必备素养——做有智慧的引路人》一书，正是为这一复杂角色量身打造的航标，指引他们在变革的激流中锚定方向，以智慧为舟，载学生渡向成长的彼岸。

翻开这本书，仿佛打开了一扇教育的全景之窗。它没有居高临下的说教，而是以"问题"为线索，串联起班主任工作的真实图景：从班级管理的琐碎矛盾，到学生心灵的隐秘角落；从家校协作的微妙平衡，到自我成长的困惑突围。每一问都直击痛点，每一答都浸润实践智慧。可以说，书中六十余个真实场景的叩问，既是挑战，亦是教育智慧的试金石。这些问题的背后，折射出新时代班主任的核心素养：既能以理性构建秩序，又能以感性触摸心灵；既能以创新应对变化，又能以坚守守护初心。

何为班主任的"智慧"？书中给出了三层诠释：其一，智慧是"看见"的能力，看见学生"网红梦"背后的认同渴望，看见家长投诉背后的教育焦虑。这种"看见"，要求班主任放下评判，以倾听者和观察者的姿态，解码行为背后的心理密码。其二，智慧是平衡的艺术，在规范管理与个性发展之间，在职业责任与个人精力之间，在传统育人方式与新兴教育技术之间，书中通过大量案例揭示了"度"的拿捏之道。其三，智慧是"生长"的思维，即将每一次危机转化为师生共同成长的契机，书中那些处理学生顶撞、化解家长矛盾、重建班级凝聚力的故事，无不体现着这种"生长"的智慧思维。

值得一提的是，本书的"智慧"始终扎根于中国教育的土壤。编者深耕教育一线二十余载，深谙班主任的困惑与期待，因而，书中没有照搬教育理论，而是致力于将理论凝练为故事，将经验升华成智慧，将"立德树人"的根本任务转化为可操作的日常实践。

愿每位翻开此书的班主任，都能在琐碎中触摸教育的诗意，在挑战中收获成长的喜悦，成为真正的"智慧摆渡人"——以专业赋能成长，以真心点亮心灵，在教育的江河中，载着学生驶向辽阔的未来。

包水梅

兰州大学高等教育研究院

序 三

照亮新时代班主任的成长之路

在基础教育改革的浪潮中,班主任的角色正在发生深刻转型。他们不仅是班级秩序的维护者,更是学生成长的引路人;不仅是知识传递的桥梁,更是价值观塑造的灯塔;不仅是家校沟通的纽带,更是教育生态的建构者。面对"双减"政策的纵深推进、学生心理问题的复杂化、家庭教育诉求的多元化,班主任群体正经历着前所未有的职业挑战。《新时代班主任的必备素养——做有智慧的引路人》这本书,正是为每一位在班主任岗位上默默耕耘的老师量身打造的"成长手册"。它不空谈理论,不堆砌概念,而是用真实的案例、具体的方法和接地气的建议,帮助班主任们找到工作中的"破局点",成为学生成长路上真正的引路人。

提起班主任工作,许多老师都有同样的感受:琐碎、复杂、"费力不讨好"。学生闹矛盾了要找班主任,家长对教学有意见了要找班主任,班级活动策划、学生心理疏导、突发事件处理……桩桩件件都考验着班主任的智慧和耐心。这本书最打动我的地方,就在于它真正站在了一线班主任的角度,把那些"让人头疼的问题"变成了"可以解决的课题"。比如,全书自始至终都贯穿了一个班主任老师师德修养的课题,它没有用"无私奉献""甘为人梯"这样的宏大词汇,而是通过一个个真实的故事,让我们看到师德就藏在日常的细节里。正所谓:师德不是挂在墙上的标语,而是对学生困境的看见,是对教育契机的把握。这种娓娓道来的叙事方式,让"师德"这个词变得具体而温暖,也让老师们明白:教育不是"管住学生",而是"读懂学生"。书中也渗透了很多教育理念,但并没有给人以"高大上""用不上"的感觉,相反,它恰恰把抽象的理念转化成了实实在在的工具。这种把理念"落地"的设计,会让班主任们意识到:好的教育不是老师单方面努力,而是要让学生成为班级的主人。

这本书最珍贵的地方，在于它始终保持着教育的温度。它提醒我们：班主任工作固然需要方法，但比方法更重要的是对学生的真心。感人的故事在书中随处可见，它们像一盏盏灯，照亮了班主任们平凡而伟大的日常。在大家都在谈论"教育内卷""职业倦怠"的今天，这本书让我们重新看到教育的本质——不是比拼分数，而是唤醒心灵；不是完成任务，而是陪伴成长。

编者深耕凉州教育二十多年，从一线老师，一路走来，逐渐成长为名师、名校长，付出了艰辛，也收获了甜蜜。他以自己的心路历程，讲述了一个教育人栉风沐雨、向光而行的动人故事。如果你是一位班主任，这本书会成为你办公桌上最常翻看的"百宝箱"；如果你是一位学校管理者，这本书会给你建设班主任团队的新思路。它没有晦涩的理论，没有空洞的说教，有的只是教育现场的真实智慧。愿每一位翻开这本书的老师，都能找到属于自己的教育答案，在琐碎中看见意义，在平凡中创造不凡，真正成为学生成长路上有智慧的引路人。

邹立国

武威第十中学党总支书记

前言

作为一名校长，我深知班主任工作在学校教育中的重要地位。只有做一个拥有智慧教育能力的班主任，才能管理好班级。然而在日常的教育教学管理工作中，通过和班主任们交谈，我发现他们常常因班级管理中的琐事而身心俱疲，面对各种各样的管理问题而束手无策。身为学校的领导者，我为之担忧也为之着急，也长久地深思：

教育的意义在于导向生命的本源，是把每个个体生命内在的能量引发出来，使他们形成健全的人格，使生命美好而富有意义。身为学校的领导者，我更希望能带领我的团队，在教育的路途中，以爱为船，以智慧为帆，做有智慧的教育，做最好的教育。最好的教育不是改变而是启发良知，启发良知则需要教育者优质的教育智慧。而教育的智慧源自教育者对工作的热爱，因为热爱，所以才能对工作充满激情，充满恒久的意志力，充满创造力，善于思考，乐于奉献。俗话说，爱自己的孩子是本能，爱别人的孩子是神圣，唯有对教育付出真情，对学生付出真爱，学生的良知才会被启迪。而在琐碎的日常里，哪怕是一句鼓励的话语，一个善意的姿势、动作、眼神，都显得尤为重要。

教育事业，责任重大，使命崇高，任重而道远。身为教育者，尤其是班主任老师，要对教育教学规律有深刻的把握能力，对教学活动和班级管理中的突发情况要有灵活应对的能力，对复杂多变的教育情境要有创造性驾驭的能力。这就需要教育者对教育事业拥有崇高的责任感和使命感，拥有高超的教育水平、高明的教育智慧以及高贵的教育人格，崇德向善、不畏辛劳、反思体悟、不断成长，不断增长教育教学智慧、管理智慧及能力。

于学生而言，每一个学生都是一个自由而独特的生命个体，生命是会发光的，是神秘而又坚韧的，而教育也好，管理也罢，我们要做的不是去改变，而是去唤醒。唤醒生命，觉醒灵魂。每一个学生都有巨大的潜能，教育的本质就是将其内在的力量唤醒。如果我们不能够用心地去感悟，我们就永远找不到教育的力量。每个学生都是独一无二的个体，所以他们拥有着各自独特的天赋、气质、能力、价值等。我们必须充分认识到这种来自个体的差异性与独特性。在教育过程中，要顺应学生的天性，要全面而细致地观察分析每个学生，关注个体差异，尊重差异，正确对待差异，保护和调动学生的内在潜力，尊重个性，善于开发学生的潜在素质和闪光点。努力追求充满个性化的教育，探寻适合每个学生发展的教育方式、管理方式。让每一个生命都得到和谐而充分的发展，一切为了学生的健康、幸福与发展而努力。这也是教育的目的和意义所在。

习近平总书记说："一个人遇到好老师是人生的幸运，一个学校拥有好老师是学校的光荣，一个民族源源不断涌现出一批又一批好老师则是民族的希望。"心有所信，方能远行。愿我们成为培育良才的沃土，成为唤醒学生智慧的星光，与生命同行，让生命美好！

目录

第一章　班级管理与班主任自我调适 / 001

第一节　班级工作实施与班级活动设计 / 002

第 1 问　起始年级不知从哪儿入手开展工作，怎么办？ / 002

第 2 问　中途接班不知从哪儿入手，怎么办？ / 005

第 3 问　新接班班风不佳，怎么办？ / 010

第 4 问　不知如何带毕业班，怎么办？ / 014

第 5 问　走班制下不知如何开展班主任工作，怎么办？ / 016

第 6 问　新生入学不适应，怎么办？ / 020

第 7 问　起始年级不知如何设计班级活动，怎么办？ / 023

第 8 问　主题班会教育效果不佳，怎么办？ / 027

第 9 问　不知如何召开微班会，怎么办？ / 032

第 10 问　班主任不知如何树立自己的威信，怎么办？ / 035

第 11 问　学习优秀班主任经验效果不佳，怎么办？ / 040

第 12 问　任课老师不配合班主任工作，怎么办？ / 045

第二节　班级文化建设 / 047

第 13 问　不知如何发挥班干部的"领头羊"作用，怎么办？/ 047

第 14 问　班级文化建设不知从何入手，怎么办？/ 052

第 15 问　班级学风不浓，怎么办？/ 056

第 16 问　班级凝聚力不强，怎么办？/ 060

第 17 问　班级奖惩措施失效，怎么办？/ 063

第 18 问　班级实行量化管理效果不佳，怎么办？/ 066

第 19 问　班里排座位总出现矛盾，怎么办？/ 069

第三节　班主任与学生交往策略 / 072

第 20 问　班主任掌握不好与学生交往的尺度，怎么办？/ 072

第 21 问　难以走进学生心灵，怎么办？/ 075

第 22 问　班主任不知如何批评学生，怎么办？/ 077

第 23 问　老师遇到学生挑衅，怎么办？/ 080

第 24 问　班主任面对情绪失控的学生，怎么办？/ 083

第 25 问　学生当众顶撞老师，怎么办？/ 087

第 26 问　规范管理与学生个性发展出现矛盾，怎么办？/ 091

第四节　班主任自我调适 / 095

第 27 问　班主任职责"无疆界"与精力有限发生矛盾，怎么办？/ 095

第 28 问　班主任出现职业倦怠，怎么办？/ 099

第 29 问　班主任心理压力太大，怎么办？/ 103

第 30 问　班主任工作得不到学生认同，怎么办？/ 107

第二章　学生管理 / 111

第一节　学生学习习惯的培养 / 112

第 31 问　班里总有学生抄袭作业，怎么办？ / 112

第 32 问　班里出现自暴自弃的学生，怎么办？ / 115

第 33 问　班主任面对学习成绩不佳的学生，怎么办？ / 119

第 34 问　个别学生总是不完成学习任务时，怎么办？ / 125

第 35 问　学生与科任教师关系紧张，怎么办？ / 128

第二节　对学生使用网络的引导 / 133

第 36 问　班主任面对沉迷手机游戏的学生，怎么办？ / 133

第 37 问　班主任面对想做"网红"的学生，怎么办？ / 136

第 38 问　学生沉溺于网络虚拟世界，怎么办？ / 139

第三节　学生思想与心理指导 / 142

第 39 问　个别学生不善与同伴交往，怎么办？ / 142

第 40 问　学生自卑心理比较强，怎么办？ / 145

第 41 问　学生感恩意识淡薄，怎么办？ / 148

第 42 问　学生青春期逆反心理严重，怎么办？ / 152

第 43 问　学生抗挫折能力差，怎么办？ / 154

第 44 问　学生缺乏责任心，怎么办？ / 158

第 45 问　学生依赖性太强，怎么办？ / 162

第 46 问　学生嫉妒心较强，怎么办？ / 165

第 47 问　学生过于以自我为中心，怎么办？ / 168

第 48 问　学生缺乏吃苦耐劳精神，怎么办？ / 170

第 49 问　学生自我保护意识差，怎么办？ / 172

第四节　学生行为习惯的培养 / 175

第 50 问　班里总有学生做事磨蹭，怎么办？ / 175

第51问　班里总有学生乱花钱，怎么办？/ 177

第52问　遇到爱撒谎的学生，怎么办？/ 179

第53问　发现个别学生有"早恋"现象时，怎么办？/ 181

第54问　面对追星的学生，怎么办？/ 187

第55问　学生学习习惯不好，怎么办？/ 190

第56问　学生不爱参加体育活动，怎么办？/ 192

第57问　学生阅读武侠和言情小说等，怎么办？/ 195

第58问　班主任不知如何开展劳动教育，怎么办？/ 197

第59问　班主任不知如何开展预防欺凌教育，怎么办？/ 200

第三章　家校沟通 / 203

第一节　沟通有术，共育有方 / 204

第60问　不知如何发挥班级家委会作用，怎么办？/ 204

第61问　班主任与家长沟通不畅，怎么办？/ 208

第62问　班主任家访效果不佳，怎么办？/ 213

第63问　家长不信任班主任，怎么办？/ 216

第64问　老师被家长投诉，怎么办？/ 218

第二节　家庭教育，介入有法 / 221

第65问　家长只关心孩子学习成绩，怎么办？/ 221

第66问　学生与家长经常发生矛盾，怎么办？/ 223

第67问　学生遭遇家庭暴力，怎么办？/ 226

第三节　情系特殊家庭学生 / 229

第68问　面对父母离异家庭的学生，怎么办？/ 229

第69问　留守儿童家庭教育缺失，怎么办？/ 233

后　记 / 236

第一章　班级管理与班主任自我调适

第一节　班级工作实施与班级活动设计

第1问

起始年级不知从哪儿入手开展工作，怎么办？

　　学生从小学到中学的过渡是他们学习生涯中的一个重要节点，也是一个质的飞跃。学生对中学的环境都感到陌生和新鲜，尤其是他们的生理和心理都处于急剧发展的阶段，因此，在主观上重视，在客观上改善对七年级新生的入学教育，显得非常重要和必要。有些刚担任班主任的青年教师因缺乏班级管理经验，面临起始年级的班级工作可能出现多、慢、劣、费而又艰难、窘迫的局面。面对这种情况，班主任该怎么办呢？

抓好五个"第一次"，让班级工作步入正轨

　　俗话说，万事开头难。学生刚进入初中后，什么都觉得新鲜，新的学校、新的环境、新的课程、新的老师，不少学生会有适应和磨合的过程。如何让学生尽快地融入新的班集体中呢？我认为班主任应该抓好五个"第一次"。

精心设计第一次亮相。班主任在学生面前的第一次亮相，将直接决定学生是否愿意认可你、接受你。因此，班主任应该以平等、谦和、真诚的心态出现在学生面前，用真心真情缩短与学生的距离。我在拿到学生档案后，仔细阅读，摘录每个学生的特长、爱好、曾获的奖励，并对照照片记住每一个学生的相貌。很快，我就能叫出他们的名字，说出他们的特长，他们既惊讶，又感到温暖，这一下子拉近了师生距离，使学生很快就接受了我。同时，自我介绍要富有新意，不落俗套，语言简练；穿着要简洁、大方，又不失时尚，用自己的人格魅力去赢得学生的喜欢。总之，班主任要精心设计第一次亮相，力图唤起学生的"似曾相识"之感，在其心目中留下自己可亲可敬的第一印象。

上好第一次课。七年级班主任的第一次课，最重要的是帮助学生树立起学习的信心。初中和小学相比，在教学上存在着很多差异，如初中教材内容重复少、进度快、难度大，教法上更注重培养学生主动自觉的学习习惯及思维能力。班主任可在第一次课上向学生讲明这一点，使其在心理上为适应初中学习做好准备。同时，为打消学生对初中学习的畏难情绪，班主任可向学生介绍初中各门课程的内容、特点，告诉他们只要方法得当、刻苦勤奋，就会领略到比小学更为广阔、更为瑰丽的知识风光，力图唤起学生对初中学习的兴趣，帮助他们树立起能够学好的信心。

充分准备好第一次"献艺会"。为增强学生对班级生活的热情，增强学生的集体意识，同时增进他们彼此的了解，在班内形成一种较为和谐的人际氛围，新学期开始后，班主任要着手组织好第一次"献艺会"，给在文化、艺术、体育等方面有一技之长的学生提供施展才华的机会。"献艺会"可采取推荐和自我报名的方式，班主任要充分调动学生的积极性，尤其要鼓励胆小内向的学生参加，力求人人参与，个个献艺。

做好第一次大扫除。布置一个学习环境，营造一种学习气氛，对于班级的管理十分重要。当你接手一个七年级的班级，找到你的班所在的教室，在预备周里的第一件事，就是率领学生对教室进行大扫除。经过一个暑假，教室里已经落满灰尘了。班主任将学生分成两批，一批是男生，一批是女生，分两次进行大扫除,一次很难打扫干净。不要让他们一起行动,一是人太多会窝工,二是不便于观察他们。班主任一定要和学生一起大扫除,一边指挥,一边观察各个学生的劳动态度,物色班干部人选。

处理好第一次偶发事件。偶发事件即预想之外、偶然发生的事件。比如:课堂上个别学生突然提出一个怪问题,使老师难以回答;个别学生因一点小摩擦突然争执起来甚至拳脚相加,影响教学正常进行;个别学生不能正确对待老师的批评,无理顶撞等。作为七年级新生,他们特别关注班主任对第一次偶发事件的态度,希望能以此来评判班主任的工作方法、人格修养、心理素质等。假如班主任只是一味地对犯错误的学生进行简单粗暴的批评训斥,不仅会影响到事件本身的妥善处理,还会影响到班主任自身的形象,不利于今后班主任工作的顺利开展。因此,班主任面对新学期的第一次偶发事件,首先要控制住自己的情绪,不激动,不发火,同时使学生冷静下来;其次要做细致的调查工作,了解事件发生的原因及发展过程;然后本着尊重学生人格、保护学生自尊的原则,正确妥善地处理。

 反思

起始年级学生的特点在于一个"新"字,学校和班主任要针对这种"新"及时地、认真地加强入学教育,使学生切实感受到新人、新事、新面貌、新气息,进而顺利地完成初中学段的学习任务。

第 2 问
中途接班不知从哪儿入手，怎么办？

中途接班是一项具有挑战性的任务：由于对班级情况缺乏全面了解，包括对学生的性格特点、学习习惯、家庭背景等关键信息知之甚少，难以进行有针对性的教育和引导；在处理学生问题时，可能因缺乏背景信息而做出不当的判断或决策；不熟悉班级整体风貌，对班级的班风、学风、纪律等整体情况缺乏清晰的认识，难以把握班级管理的重点和难点；在制订班级规章制度或管理策略时，可能因缺乏依据而显得盲目或随意。班主任需要快速了解并融入一个已经形成的班集体。

从细处着手，快速进入角色

一、要有爱心，细心细致，培养学生良好的行为习惯

这里的"爱心"，也可说是"责任心"。家长把孩子送到学校，送到我们班级中，我们就要像对自己的孩子一样去关心、爱护、教育他们，让学生感受到老师的爱心，感受到老师时刻在关怀他们，关心着他们的每一次进步和成长，让学生在学校有一个精神上的支柱——老师。在这个爱的环境中，他们也会尽自己的能力努力学习，整个班级也会形成一种良好的学习氛围。同时，在学生入学之初就要培养学生"态度决定未来，细节决定成败"的理念,在工作中做到"抓在细微处,落在实效中",眼细、心细、手细。班主任工作只有细致入微,才能使班级管理见成效。首先,从班级管理角度,班级各项工作都有专人负责,做到事事有人做,人人有事做。其次,从学生角度,要求学生培养细心与周密的品质,不要像个"马大哈",不要丢三落四。细心不能仅仅在做题时才注意培养,而应该在平时的学习和生活中,经常地、有意识地培养。

二、建立良好的师生关系

师生关系分为三种:专制型、放任型、民主型。专制型的师生关系会导致学生被迫屈服、推卸责任、易怒,放任型的师生关系会导致学生无目标、学习成绩差,民主型的师生关系会让学生主动参与、有主见。因此,教师应以平等的态度对待学生,而不能以权威自居,也不要放任不管,要建立良好的师生关系。师生沟通是建立良好的师生关系的前提。"亲其师,信其道。"教师与学生沟通,要具备同理心,站在学生的立场去理解学生,设身处地感受学生的内心世界。有了同理心,师生之间就容易产生共鸣,也容易使学生产生信任感。

三、培养管理骨干,充分发挥班委和榜样的作用

良好的班风还得益于班集体的管理方式。一个成功的班集体,除了要有一名优秀的班主任外,还必须有一支能干的班干部队伍。班干部与同学朝夕相处,对班级的情况更加了解,他们对同学的帮助在某些场合可能比班主任的教育更有效果。一支能力强、以身作则的班干部队伍不仅能发挥榜样作用,带动全班同学积极向上,还能起到班主任与学生之间的桥梁作用,是班主任管理好班级的得力助手。他们工作能力的高低,工作方法的对错,在同学中威信的高低,往往能够决定一个班级的精神风貌。因此,应把一部分成绩好、守纪律、号召力强、对集体事务非常热心的学生作为培养对象,然后注意对他们细心观察,指导他们做好事情,引导他们多为同学服务,多关心班级事情,对他们中出现的好人好事,抓住机会进行表扬,树立这些学生在班级和

同学中的威信,而这种威信又能督促他们更进一步自觉自愿为同学服务。这种行为由被动转为主动,初步形成班干部良好的工作态度和工作作风,让班干部起到榜样的作用,成为班风建设的积极分子和带头人。班里一旦出现什么不良习气,班干部都能及时地告知班主任,协助班主任治理班风,使班级里形成一股向上的正气。因此建设一支好的班干部队伍将直接影响到整个班级的风气,带动整个班级良性发展。具体工作中,可每周召开一次班干部会议,对每周的班级工作进行反馈和总结,及时掌握班级情况,对个别不够自觉的班干部进行提醒,最后布置新的工作。此外,可在班级开展帮扶活动,每个班干部至少要和几个同学交朋友,帮助同学排忧解难,做同学的贴心人,使全班同学都感受到班集体的温暖。这样一人带动几个人,十几人就能带动全班,班级的各项活动就能顺利开展,良好的班风得以形成。有了一支能力较强的班干部队伍,班主任的工作会相对轻松许多,即使是老师不在的时候,班级也会井然有序。

四、制订合适的目标,用目标激励学生

目标是班级和谐发展的动力,有了目标,学生就有了行动的指南。目标的提出要考虑学生的年龄特点和接受水平,必须实事求是,符合班级的实际情况,并且要鲜明、具体、富有鼓动性。实现目标应先易后难,循序渐进。要善于总结,对取得的成绩给予充分的肯定,对问题要作具体分析,并及时地提出新的更高的目标,以鼓励学生不断进步。因此,每次考试前我都要让学生制订学习目标,使其朝着既定目标努力,让他们拥有前进的动力。目标有的是我给他们定的,也有的是他们自己定的。目标不能太低也不能太高,应让他们稍加努力便可达到,哪怕进步一点点都行。

五、发扬协作精神,做好与任课老师、家长的配合工作

作为班主任,我认为自己应该成为学生与任课老师之间的一座桥梁。因此,做好与任课老师的配合、协调工作是很重要的。在学生、家长面前要绝对维护任课老师的尊严。如果学生、家长对任课老师有看法,一方面要耐心细致地与他们沟通，另一方面要坚定地站在老师这一边，因为一旦学生、家长对老师失去了信任，将对学生甚至整个班级产生很大的负面影响。和任课老师的通力合作，是做好班级工作的最重要的条件。当然，教育学生的同时也要引导家长。目前，父母离异、父母外出打工、父母溺爱或粗暴对待孩子的现象不在少数，针对这样的情况，作为班主任，首先应该有一个基本的了解，做到心中有数。"问题学生背后往往有一个问题家庭"，因此应利用一切可能的机会和条件，细致地做家长的工作，引导家长正确、科学地教育孩子。

六、树立自身的良好形象，增强班级的凝聚力

作为班级的"领头羊"，班主任要以身作则，努力用自己的道德情操去感染学生，和学生产生情感上的共鸣，达成共识。车尔尼雪夫斯基曾说过："教师要塑造学生成为什么样的人，自己就应当是那样的人。"可见，教师的形象对学生的身心发展起着重要作用。在教育实践中，教师形象是学生模仿的对象，因此教师要以自身的言行来感染学生，从身边的小事做起，为学生树立好的榜样。例如，班主任不要忽视地上的垃圾，只要看到，要弯腰捡起并放到垃圾桶里；讲桌上用过的教具要摆放整齐；看到课桌椅摆放不整齐，要亲自调整；不在学生面前使用不文明语言；班里出现疑难问题时，从不回避，而是亲力亲为地解决。这一系列的行为学生都会看在眼里。教师的言行会深深地记在学生的心里，从而引起学生的自觉重视，并付诸行动，这样自然而然就会形成团结互助、具有凝聚力的班集体。

七、激励斗志，培养班级荣誉感

集体主义教育是班级思想教育的重要内容之一，对于塑造优良班风、建立优秀集体至关重要。班主任应在学生心目中树立"心中有集体，进步靠大家"的理念，并在学校组织的各类班级评比活动中，抓住机会培养学生的集体荣誉感。班主任不仅要确保班级在学校集体活动中展现出良好的形象，还要经常利用主题班会等机会，对学生进行"班兴我荣，班落我耻""以班为家，荣辱与共"的教育，以此来增强班级的向心力、凝聚力和执行力，确保

学生能够同心协力,朝着共同的目标努力。班主任要经常和学生谈话交心,鼓励他们通过自己的行为向大家证明自己是最棒的,要让学生意识到,守纪律、讲卫生、讲文明、爱学习,是他们心中装着班级、装着学校的最好体现,因为他们的一言一行都代表着班级和学校的形象。通过这种爱班级、爱学校的情感教育来培养学生的集体荣誉感,激励他们用行动来证明自我、表现自我,从而实现班级确立的奋斗目标。

 反思

"日新其德,止于至善。"班主任对培养学生正确的世界观、人生观有着极其重要的引导作用。对于中途接班的班主任来说,一定要重视与学生的思想交流,多与学生谈心,做到因材施教,以达到最佳的教学效果。成为一名优秀的班主任,首先要学会成为学生的朋友,要尽量为学生排忧解难,只有这样,才能真正走进学生的内心世界,与他们建立深厚的联系。

第 3 问

新接班班风不佳，怎么办？

班主任新接班时，可能会遇到班风不佳的情况。学生纪律松散，课堂秩序混乱，常有迟到、早退、旷课等现象，这些行为影响了正常的教学进度和学习氛围。同时，学生缺乏团结合作的精神，常有争吵、打闹等不良行为，甚至形成小团体，排斥他人，破坏班级凝聚力。在学习态度上，学生可能表现出厌学情绪，缺乏学习动力和兴趣，作业完成情况差，抄袭、作弊等不诚信行为时有发生。此外，班级卫生状况也可能不佳，学生缺乏环保意识，乱扔垃圾，影响班级的整体形象。面对这些问题，班主任应该怎么办呢？

中途接班求"双赢"

班主任工作是教育和管理的有机结合，管理是教育的基础，教育又是管理的手段，只有"管""教"结合，才能构建良好的班集体，才能为学生的成长进步营造一种良好的氛围。在十多年的从教生涯中，我深深体会到，班级管理有三个层次，第一是管得住，第二是管得好，第三是管得轻松。

有一年，学校领导把一个八年级的班级交给我，我真的没有底气。因为我了解到，这个班的班风不太好，班里有几个所谓的"刺头"，带头做一些违反学校纪律的事情。面对这样一个班级，我的心情十分沉重。怎样在最短的时间内把学生"管住""管好"？又如何将这样一个班级建设成为一个文明、

第3问 新接班班风不佳,怎么办?

和谐、健康而又有朝气的良好班集体?我开始了深入的思考。最后,我决定实施我的"三步走"计划。

第一步:师生相互接纳。众所周知,一个老师无论资历多深,专业素养多高,不被学生所接纳,一切都无济于事。所以,我先向前任班主任、科任老师深入、细致地了解学生基本情况,寻找他们身上的闪光点,然后利用班会大力表扬他们,高度赞美他们最可贵的品质——懂得感恩;并以此为契机和突破口,用我的亲身经历和我曾教过的一个学生的实例,证明老师的教育对一个人一生产生的重大影响,从而让学生明白老师、父母的严格要求是一种爱,接受其教育非常必要,它是加速健康成长的催化剂。在此过程中,学生感受到了我对他们的关爱与责任。接着再"打连环战",采用多方式、多手段进行学生品德和励志教育、行为习惯的校正和养成教育、纪律教育、意志磨砺教育、竞争意识培养教育、"细节决定成败"主题教育等等。在这个过程中,我及时地跟每一个学生沟通交流,也最大限度地接纳每一个学生,用话语赞美他们,用老师的人格魅力感染他们,用真诚的爱心去温暖他们,真正做到深情理解、真诚相待,以情启智、以和聚心、以勤制胜,恩威并施、严管慈教。人非草木,孰能无情?经过一段时间,孩子们很自然地接纳了我。

第二步:师生相互认可。我主要从四个方面入手。第一,打造每一节精品课,成为一个优秀的科任老师。我确信,如果课上不好,学生可能会忽视你,那么你的班主任工作他们自然不买账;如果课上好了,他们就会把对你的课的认可和敬重转移到你的班主任工作上。所以,每一节课我都会精心准备。曾经有人说过:"如果学生不听课,是你语言不丰富;如果学生没听懂,是你表达不清楚。"因此,我时常反省自己,并始终追求"行云流水,酣畅淋漓"的授课感觉。第二,倾力协调科任老师与学生间的关系,树立每一位科任老师的威信。我知道,学生只有喜欢一个老师,他才渴望这个老师去上课,课堂效率才高。我接手这个班之后,通过多次观察和学生的反馈,发现"刺头"叶某每逢上物理课,经常迟到,上课不是睡觉就是说话,作业也不能按时完成。了解后得知叶某因自律能力差,曾多次被物理老师批评,从而对物理老师产生了厌倦和抵触情绪。我意识到不能让这样的局面再持续下去。于是多次与叶某进行沟通，经过一段时间的努力，功夫不负有心人，他开始认真听课了。为了让叶某更快地接纳物理老师并取得进步，我每天让他到办公室，陪着他完成作业，并检查他的作业后签字。在一次物理测试中，他进步很大，物理老师在班上表扬了他，他笑了，老师也笑了。第三，坚持学生教育生活化，做到常管、常省、常新。一成不变的管理措施和模式，容易让人麻木，行为抵触；空洞的说教和约束，会让学生讨厌，甚至叛逆。所以，我秉承陶行知先生"生活即教育"的理念，从学生日常的学习、生活着手，不断更新完善管理措施。在寒假期间，我依据学生成绩，将他们分为六个竞赛小组。开学后我按计划调整了学生的座位，并说明了目的和计划，让学生感受到老师对他们的关爱。以小组为单位，从班容班貌、仪容仪表、卫生值日、纪律、学风等方面进行量化打分，学生自己讨论制订了奖惩方案。任何学生在任何方面有进步都会得到加分，他们很积极，都希望加分，不愿意被扣分。偶尔有同学主动清理垃圾或帮他人打扫，这些行为成为推动班级健康发展的动力。同时，我新建立了学生谈话记录制度，每次与学生谈话后，让学生记录下谈话要点和谈话感言。如果表现有进步，老师跟踪表扬；如果没有进步，老师会提醒他们，并让他们把谈话内容作为下阶段目标。另外，我将每周五作业签名制改为每周一早晨作业检查制。这一措施落实后，科任老师都说学生作业完成情况大有好转。学习风气更加浓厚，也增加了学生对老师的认可度。第四，加大与学生家长沟通的力度。班级工作要顺利进行，家长的支持至关重要，我每周都会将学生的近况及班级整体情况向家长汇报，赢得了家长的支持。例如，我发现，我们班的梁某某上课不听讲，不完成作业，他的成绩自然也是全年级最差的。他发型怪异，特立独行，情绪化严重。起初的两次谈话中，他沉默不语，或仅以摇头点头回应，我采取了耐心的沟通策略。经过不懈的努力，他终于开口了，透露了内心的不满：由于父母忙于事业，尤其是家中有了弟弟后，他感到自己被忽视，所以就有了以上表现。了解情况后，我及时与他父母沟通，他们意识到了问题的严重性，并在两天后与孩子进行了一次民主交谈。第二天这个孩子就有了很大的变化，我深有感触地跟他父母说，父母之爱远大于老师之爱啊。当时学生不相信父母能做到每周五亲自到学校来接他，过问他的学习，我又及时把这一信息反馈给他父母，希望他们能做到,他父母真的做到了,一周两周都是如此。他被父母的行为所感动,也体会到老师的良苦用心,开始在各方面向好的方向发展。尤其是假期过后,各科老师都说他进步很大。我发现体育是他的强项,于是让他担任体育委员,果然他带操带得特别好。

第三步:师生相互敬重。我的做法主要有以下几点。第一,把学生看成自己的孩子,教他们首先要学会做人。"千教万教教人求真,千学万学学做真人",这是教育的真谛和本质所在。从细小的礼节教育入手,教导他们怎样与人沟通、交流、相处,以及如何传承中华民族的传统美德等。第二,为每个学生提供平等的机会,注重提升他们的综合素质。例如值日、黑板报、主题演讲、班会主持、班级工作总结、卫生管理等任务都由学生轮流承担,让他们在不同的平台上发挥特长,提升他们的综合能力。第三,从学困生抓起,真心关爱每一个学生。"不抛弃、不放弃"是实现教育公平的需要,也是教师职业道德的基本要求。学校不会放弃任何一个班,我更不能放弃每一个渴求进步、渴望成功的学生。第四,关注弱势学生,不让任何一个学生被遗忘;关心家庭特殊的学生,让每一个学生都能够感受到老师的关爱,让每一个学生都能够感受被重视而不是被忽视,让每一个学生都能够燃起成功的信心。

经过我和学生半个学期的努力,班级的整体情况有了显著的改善,在期中考试成绩总结大会上,我班被学校评为进步最快的班级。这让我感到极大的满足,因为我的努力没有白费,我的付出得到了回报。同学们听到这个消息后,更是欢呼雀跃,他们未曾想到,以前经常受批评的班级,现在会成为受表彰奖励的班级。这正是我实施的"三步走"治班策略带来的"双赢"成果!

反思

班主任中途接班,关键是要快速融入班级,了解每个学生的特点。要多与学生交流,倾听他们的想法。和前任班主任多沟通,全面掌握班级的整体情况。然后,根据实际情况调整班级管理方式,营造更加和谐的班级氛围。同时,要多关心学生的学习和生活,帮助他们解决困难。只要用心去做,就一定能赢得学生的信任和支持,带领班级不断前进!

第4问

不知如何带毕业班,怎么办?

 话题

学生升入毕业班后,我感到班级管理变得更加困难。有的学生明显不适应毕业班的快节奏学习生活,有的学生因背负家长的过高期望而不堪重负,有的学生饱受青春期的情感困扰,有的学生感到前途茫然而找不到努力的方向,还有的学生因考试失利而焦虑不安……面对这么多问题,我该采取哪些措施,才能使班级成为一个具有凝聚力的集体,让每一个学生都能快乐学习,健康成长,并顺利进入理想的高一级学校呢?

亮亮毕业班管理的"金点子"

新学期开始,学校安排我任九年级(8)班的班主任。通过与前任班主任的交流,我了解到班上有一些学生逆反心理特别强,经常与老师作对,甚至有个别男同学曾经搞恶作剧,或在教室里和任课老师发生冲突。学校老师、学生家长的训诫有时反而导致一些学生自暴自弃,使得他们的"破坏性行为"越来越严重。

接手班级后,我最初不动声色,先观察并分析了班里几个影响最大的"问题学生"的背景和行为动机,并进一步掌握管理班级的关键信息。在这一过程中,我发现有个学生不仅经常搞恶作剧,还三天两头地与男生打架,与女生逗贫嘴,对老师不讲礼貌,是扰乱班级秩序的"头号人物"。不过我也发

现他身上的优点是仗义。为了降住这匹"烈马",我特意给他设了一个"美丽的圈套"。

周五放学时,我在一张二指宽的纸条上写了一句话:"家长朋友,您的孩子助人为乐,见义勇为。"然后,我把这个学生叫到办公室,把折叠好的纸条交到他手上,故意没有明确要求他不能拆开看,对他说:"把这个纸条交给你的家长,让家长签字后周一返校时再送给我。"想想看,学生能不看老师和家长写的是什么吗?

周一早晨,他第一个到校,喜滋滋地把家长写有"孩子有进步,我非常高兴,谢谢老师!"的纸条交给我。那一天,我注意观察他,一整天他都特别规矩和精神。我暗想:我的"圈套"奏效了!

从此,我和多个学生保持"单线联系",时不时地给他们写纸条,上面根据学生的特点写上鼓励的话,如"您的孩子热爱劳动""您的孩子书读得很好""您的孩子作文写得很棒""您的孩子团结同学,讲文明、有礼貌"等等,并与家长事先沟通好,让他们回以鼓励的话语;每次我都要求学生不看纸条内容。

半个学期过去了,我们班不仅秩序井然,而且好人好事层出不穷,纪律、卫生、文体活动样样争先。"不想当元帅的士兵不是好士兵",这句话绝对有道理。作为班主任,也必须要有一颗"野心",那就是必须让班级达到某个目标。牢记这个目标,班主任就会想方设法激励学生,也会在不知不觉中激励自己,从而使班级工作更加出色。

反思

带领毕业班的关键是要制订合理的教学计划,让学生能够系统地复习知识。同时,要密切关注学生的学习状态,及时发现他们的困惑并给予帮助。多和学生沟通,了解他们的想法和需求,努力营造积极向上的学习氛围。最重要的是,要鼓励学生保持自信,相信自己能够取得好成绩。同时,作为教师,我们需要不断反思和优化自己的教学方法,不断进步,为学生的学习和成长贡献自己的力量。

第5问
走班制下不知如何开展班主任工作，怎么办？

 话题

在走班制教学模式下，班主任可能会遇到一系列问题。首先，学生的流动性增加，使得班主任难以全面了解每个学生的情况，从而难以实施有效的管理和指导。这种情况可能导致班主任在管理班级时感到力不从心，也使班级很难形成凝聚力。其次，走班制下学生的社交圈扩大，班主任对学生的交往情况难以监控，可能会出现学生之间的冲突和矛盾难以被及时发现和解决的情况。此外，走班制对学生的自律性提出了更高要求，但部分学生可能难以适应这种变化，出现迟到、旷课等不良行为，增加了班级管理的难度。面对这些挑战，班主任如何应对呢？

走班不"走心"，跟进不掉队

在九年级阶段，可以尝试进行更有针对性的走班分层教学，并结合心理辅导，确保课堂管理的有效性。在课堂上做到有的放矢，最大限度地调动学生的学习积极性，使每位学生都能在原有的基础上进一步提升，个性和潜能得到尊重和开发，这显得尤其重要。

学生之间存在差异是不可避免的，这些差异可能源于智力和非智力的因素。对于刚升入九年级的学生来说，他们共同的目标就是通过中考考到一所理想的学校。面对着各方面的压力，学生都希望在九年级能取得更好的成绩。

因此，实施更有针对性的走班分层教学显得尤为重要，学生在相应层次的班级中能够更自信地学习。

一、问题的提出

实施九年制义务教育后，一方面小学毕业生全部升入初中，因此同一教学班的学生尽管处于同一年龄段，受到几乎相同的教育，在许多方面有共同点，但也表现出明显的个性和能力差异，这种差异在数学学科上尤为明显。同时智力因素与非智力因素也势必造成学生参与能力的差异。另一方面传统教学受大教学班、课时40分钟时间等限制，如果采用一种教法、一种作业和一种评估测试，这种"一刀切"的做法必然不能照顾到各个层次学生的差异，不利于学生的发展，不利于整体提高教学质量。这就要求教师在全面具体地了解学生的基础上，既要有层次、有步骤地搞好面向全班学生的集体教学，又要对不同层次的学生在教学的各个阶段提出不同的要求并给予具体的指导，最大限度地提高课堂教学效率。走班分层教学法具有良好的效果，下面谈谈落实走班分层教学的具体措施。

二、走班分层教学的具体实施

1. 把四个常态班的学生全部混合，分为A、B、C、D四层，这四个班的课表数学课为同一时间段，上数学课时，学生按自己所属层次到相应的班上课。

2. 在走班分层前，对分层的学生做好心理指导工作，稳定他们的情绪。按学习能力分为A、B、C、D四层走班，C、D层的家长和学生可能产生的心理反应是：是不是把成绩高的分在一起，重点进行教育，而随便找一个老师看管成绩相对落后的学生，只要他们不破坏纪律，学不学习无关紧要呢？因此，无论是对家长，还是学生，先让他们明确，我们的老师在教A层的同时也教D层。其次，我们了解C、D层的学生，他们大部分在学习上已经失去信心，分层教学是为了针对他们的实际，讲他们容易接受的知识，让他们先树立自信，再分阶段给予他们一定的压力，最终让他们实现一个大的提升。

3. 分层要进一步细化。对于我所任教的各班，八年级期末区统考A层最高分 113，最低分 63，分差 50 分；C 层最高分 49，最低分 17，分差 32 分。面对分差这么大的同层班，上课也有一定的难度。于是我把学生划分为多个学习小组。学习小组根据数学成绩来划分，采用高低搭配的方式，在每组中都设了一名数学成绩较好的组长，一人负责两人或三人的学习。从收、发作业到安排课堂座位、提问、辅导，都是以小组为单位，每个小组采用组长责任制。分阶段评价，选出优秀小组、优秀组长、进步较大小组、组员等，无论是组长还是组员都有一定的目标和压力。发作业时，要求组员的作业先让组长过目，组员在哪里出错，组长有针对性地进行课外辅导。

4. 对 A、C 两组不同层次的学生，分层对待。对 A 层的学生，我的要求是，课堂上根据题目的难易程度组内自行确定主讲人员，以及进行点评拓展、规律提炼、方法技巧归纳等。不同组的问题可随时进行互抢解答以及提问，例如讲解一组的问题时，一组的同学可提问其他五个组的同学，当然另外五个组的同学对此题有不同的见解或问题，也可提问一组的同学。对于这层学生，尤其侧重方法的探索、总结，题型的变式训练，思维的拓展和语言的表达。对 A 层的学生我经常施加一定的压力："这些题目，C 层的同学都能做出来，你们抓紧一点，别让别人超过你们哦！"对 C 层的学生，侧重于实战能力的提升。课堂上降低难度，多创设机会，让他们随时感受成功的喜悦，提高学习的兴趣，有时激励他们："这些都是 A 层题，你们都能做到，你们很快就会超越 A 班的同学了！"激励他们，让他们树立自信，让每位学生在课堂上感受收获的喜悦。

5. 分层进行有效的师生交流。九年级的学生即将毕业升学，面临着家长的期望，老师的期望，亲戚、朋友的关心，他们承受着相当大的心理压力，每一次考试，都可能会造成学生异常的反应，这时教师应及时与不同层次的学生进行有效的沟通。通过有效的情感交流，教师能够了解一段时间内学生上课的知识掌握情况，了解这段时间有哪些可继续坚持的，有哪些必须立刻改正的，了解学生的思想动态、心理状态是非常必要的。

6. 指导学习方法，解决学习困难。学生学习落后的原因有很多，学习方法不对是其中一个原因。后进生思维不够灵活，想问题没有那么快，如果只听讲、不反思，效果是很差的。因此，必须给学生一定时间进行反思、梳理，这时组长的帮助特别有价值。待学生反思后随即提问几个后进生，观其效果。当然不同组的后进生也可放在一起进行评比、量化考核，这也是促进他们学习的方法之一。

7. 对分层的学生，做好"一培三扶"工作。"一培三扶"指在分层教学中，以"培养学生核心素养"为目标，结合"学业帮扶、心理辅导、综合能力扶持"三个维度的教育策略，针对不同层次学生，差异化设计教育目标和教学方法，因材施教。经过一段时间的教学，我发现有部分学生，因为换了老师，教学风格变了，教学要求也变了，题目难度增加，掉队了，这时就需要老师做及时、长期的跟踪、帮扶。针对这群学生的实际情况，我利用中午放学后的时间，进行有针对性的每日一题训练，限时15分钟，即时收作业，即时批改，即时指导。

走班制下开展班主任工作，需要更加灵活和细致。教师要了解学生的选课情况，然后制订个性化的管理方案。多和学生交流，关心他们的学习和生活，帮助他们适应这种新的教学模式。同时，积极组织班级活动，增强班级凝聚力。和其他任课老师密切合作，共同关注学生的学习进展。只要用心去做，就一定能够在走班制下做好班主任工作。

第6问
新生入学不适应，怎么办？

新生入学不适应的具体表现可能会有以下几种：情感上焦虑不安，常常表现出紧张和害怕的情绪；学习上感到困惑，难以跟上教学进度，作业完成困难；社交方面显得孤僻，不愿意主动与同学交流，难以融入新集体；生活自理能力较弱，如整理个人物品、安排作息时间等方面存在问题；对学校的规章制度不熟悉，容易违反纪律，受到老师批评。这些不适应现象会影响新生的学习和生活，需要老师和家长给予关注和引导。

孩子，请放下你的"不适应"

症状一：过去总比现在好——环境适应不良症

七年级学生小刚说："初中生活太没有意思了。开学到现在已经半个学期了，我还是找不到学习的感觉。虽然我也很努力，但是成绩还是不如小学时好；虽然也认识了一些新的同学和朋友，可我还是觉得很孤单、无助。我怀念以前的生活，满脑子都是小学的老师和同学，常常想人要是一直不长大该多好。"

小刚的心声在七年级新生中极具代表性。七年级新生处于生理、心理迅速发展阶段，面对新老师、新同学、新环境、新课程、新教法，心理上总有某种紧张感和好奇感，容易产生一些不合理的认知，例如："还是过去好!""周围没有人喜欢我。""我不适应新的学习节奏。""我没有别人有冲劲、有后劲。"……学生常常将现在的老师同小学中印象深刻的老师相比,总觉得"不顺眼、不习惯",从而"拒绝"新老师,产生"恋旧"心理。

帮助策略:新环境、新起点,需要增强信心和能力

当学生来到一个陌生的环境时,他会感到不安甚至恐惧,这是非常正常的。那么,学生应怎样克服这种情绪和"恋旧"心理,尽快适应初中生活呢?班主任可以以新学期的第一个教师节活动为契机,组织学生开展一次相关的活动。如举办"新老师,我了解"活动,把班级的学生按任课老师的数量平均分为几组,每组同学分别采访一位老师,事先拟定好采访的提纲,通过采访活动,了解各任课老师的兴趣爱好、特长、个性、业余生活,老师的教学理想、教学特长、教学风格以及老师对学生的要求和期望等等,然后在全班范围内进行交流。任课老师也可以利用班会活动和全班同学交流。这样的活动能促进师生之间的沟通和理解,缩短师生之间的心理距离,营造平等、友好和合作的氛围。学生在此过程中了解了老师的教学思想、教学方法和教学风格,从而尽快适应新老师的教学。

症状二:成绩突然"滑坡"——学习适应不良症

七年级新生小芳,小学时是个品学兼优的好学生。在自己的努力和父母的鼓励下,小芳不负众望考上了重点初中。全家人都为她感到骄傲,小芳更是信心百倍。然而,期中考试小芳的成绩在班级处于中等水平。她很不服气,暗自发誓一定要赶上去。可是期末考试她的成绩不但没有进步,反而又退步了许多。现在,小芳经常对着书本发呆,甚至不愿意到学校读书。

"为什么小学的优等生进入中学后成绩一落千丈?"小芳和父母不止一次这样问。其实,这种症状产生的原因是学生忽视了小学与初中阶段的衔接,没有及时调整学习方法和思维状态,尽管很努力,却学习不得要领,事倍功半,从而导致成绩下滑,出现学习障碍。

帮助策略:学习方法、思路不同,需要全新的适应练习

初中老师要提前了解小学生学习习惯、学习方法和教学管理模式,不能只按自己的理解和习惯安排教学和组织管理。要通过座谈、听课、观摩等方式,提前到小学去适应自己的学生。了解小学生,尤其是六年级学生的班级管理模式、学习方法、学习内容、课堂教学组织形式、作业布置方法等等,以便有的放矢地确定七年级新生入学后衔接阶段的管理和教学方式。这种教学衔接活动应由初中老师主动去做,既要了解小学生"有什么",更要了解小学生"需要什么",还可以通过沟通,告诉小学老师中学生"需要什么"。

班主任还要适当延续小学管理模式。中学阶段,根据初中学生身心发育的特点及教育规律,实行自主型教育方式,提倡"自我管理""自我教育""协调发展",这本身没有错,但在新生入学阶段,还要用较长时间延续小学班主任的全方位全过程管理模式,而不能指望新生一下子就能适应自主管理模式。一般要求七年级班主任要有一学期的"保姆式"管理,再逐步落实自主管理,从管理效果来看,这是有一定成效的。

作家柳青曾说过:"人生的道路是很漫长的,但紧要处常常只有几步,特别是当人年轻的时候。"初中班主任应加强对新生的适应性心理辅导,帮助学生尽可能地减少不适应的表现,降低不适应的程度,缩短不适应的时间,从而尽快适应初中生活。

反思

想让新生快速适应新环境,首先要营造一种温馨、友好的班级氛围,让他们感受到集体的温暖。班主任可以组织一些"破冰"活动,让大家相互认识、相互了解。班主任也要多关心新生的生活和学习,及时帮助他们解决困难。同时,可以邀请学长学姐分享经验,让新生更好地了解学校和学习生活。还可以安排一些适应性课程和活动,帮助新生更快地融入新的环境。

第 7 问
起始年级不知如何设计班级活动，怎么办？

尽管许多班主任已积累了丰富的班级管理经验，这些经验在处理学生事务时确实有效，然而，随着时代的变化，一些过去有效的方法现在可能不再适用。现在的学生不同于以往的学生，要真正理解他们的心理需求，不能仅仅是泛泛而知，也不能仅仅是从书上了解所谓的学生心理，而是要能够和学生进行真正的对话，能够感知他们的困惑、他们的烦恼，能够了解他们的期盼。这样的理解是班级文化建设的坚实基础，因为班级文化建设必须以学生为中心，从学生出发，最终才能有效地服务于学生。

有效设计班级活动，建立良好班集体

班级活动是全班成员参与的集体教育活动，它对于学生认识客观世界，认识他人与自我，适应学校生活与社会生活至关重要。精心设计的班级活动能够提升学生"做事"的能力，教授他们"做人"的原则，为他们未来适应真正的社会生活打下基础。同时，班级活动也是建设良好班集体的重要组成部分和核心内容。因此，除了规定的教学活动之外，班主任应尽可能多地组织一些课外教育活动，以生动、形象、具体的方式教育学生。班级活动不应局限于特定形式，其规模可大可小，内容应该丰富多样，并且紧密结合学生个性，从学生个性发展的角度出发。

一、班级活动设计的基本理念

1. 以学生发展为本

班级活动可以由学生设计，但需要经过班主任的充分考虑，并通过班委充分讨论，也要广泛征求学生意见。班主任应避免单方面设计活动，应始终坚持让学生参与设计、制订实施方案，参与评价等环节。我们在选择活动主题、设计班级活动时应充分考虑学生发展的内在需求和学生的兴趣，以激发学生的内在动力。同时，应尊重学生，关注学生的差异性，并结合本班学生实际开展班级活动。

2. 面向学生完整的生活世界

学生与自然、社会、他人等生活世界具有不可分割的联系。这种联系是多样且长久的，任何一个学生都不可能离开他的生活世界而孤立地生存和发展。我们所设计的班级活动应该坚持面向学生完整的生活世界。

3. 坚持让学生亲历活动的过程

我们在设计活动时要让学生亲历活动过程，以便他们获取直接生活经验，认识自我，认识生活，逐步形成对生活正确、完整的认识。

二、班级活动设计的基本策略

1. 以学生的困惑为载体

学生在成长过程中会遇到自己不能解决或者不能正确解决的问题。对于学生来说，同伴在自我意识的形成与发展中起着重要作用。例如，针对初中生沉迷网络的现象，班主任可以设计班级活动，通过同伴互助的教育方式达到教育目的。现在的中学生对生活中的各种现象具有广泛的好奇心，并时常产生一些问题，班主任就可以以学生的问题为载体设计班级活动。

2. 以学生关心的热点、焦点为载体

学生关心的热点、焦点问题是设计班级活动的策略之一。例如，针对"超女""超男"现象，部分中小学生被卷入这股狂热的浪潮之中，在追逐的背后折射出追求时尚、标新立异的社会价值观，班主任可以以此设计班级活动，进行正确引导。

3. 以学科课程学习延伸为载体

学科学习的延伸主要是指影响学科学习的方法、方式和策略等。例如，班主任可以在期中考试后设计班级活动，让学生进行学习交流，指导学生掌握正确的学习方法、方式和策略。

4. 以本地资源为载体

以本地名胜古迹、人文特色设计班级活动的内容。例如，可以利用暑假观潮活动，设计主题班会"安全观潮"，教育学生虽然潮水非常壮观、美丽，但是要注意安全。

5. 以传统节日为载体

中国有56个民族，每个民族都有自己的节日，班主任可以以学生关注的传统节日为载体设计主题活动，让学生在亲历班级活动的过程中加深对传统节日的了解和认识，增强学生的民族精神、文化素养和人文情怀。

三、班级活动设计的基本原则

在设计班级活动时，应注意以下几个原则：

1. 活动的教育性

要使活动具有教育性，设计活动时就应该做到：活动目标应最大限度地发挥班级活动的教育作用；活动内容应丰富多彩，使学生受到不同侧面的教育；活动的名称要具有感染力；场地布置应体现教育氛围和活动气氛，标题的书写、展板的摆放、桌椅的摆放形式都要作整体设计。

2. 活动内容的生活性

活动内容的选择要讲究生活性，讲究"新"与"实"，这样做容易激发学生的兴趣，增强活动的吸引力。例如，开展周末新闻发布会，让学生利用周末时间，从报纸、广播、电视等渠道获取社会新闻和国际新闻并进行综合述评，以此锻炼学生的分析、整合及表达能力。再如，可以举办"跳蚤市场交易会"，让学生通过图书、生活百货、玩具的交易活动，亲身体验经济实践活动。

3. 活动形式的趣味性

即使活动内容相同，不同的活动形式也能产生不同的效果。例如，在进行珍惜时间的教育时，一位班主任要求学生利用课余时间，收集古今中外的惜时佳句和名人格言，编写成"惜时篇章"。这虽然也是一种教育方式，但耗时耗力，容易引起学生的抱怨。另一位班主任则通过小品、诗朗诵、故事等形式进行教育，相比效果更佳。因此，班主任在设计活动时，应努力使活动形式有趣、新颖、灵活、易于操作。

4. 活动规模及频次的合理性

在设计阶段，要注重班级活动的合理性。从规模上看，有日常的活动，也有主题突出的特殊活动。日常活动要短、小、实。短，即时间短；小，即解决小问题；实，即解决问题符合实际。同时，要注意活动的频次，一学期内的班级主题活动不宜过多也不宜过少。活动过多可能会影响学生的学习，活动过少则可能导致学生感到枯燥、乏味，滋生不健康的思想，班主任也会因此疲于应付偶发事件。

 反思

班级活动的开展方式是丰富多样的，但这一切都应以学生为主体，以教育为根本。要通过活动让学生受到教育、得到熏陶、受到启迪，使学生得到知识和能力的提升，逐渐实现勤奋学习、快乐生活、全面发展的目的。

第 8 问

主题班会教育效果不佳，怎么办？

 话题

班主任开主题班会，可能会遇到以下具体问题：

学生参与度低：学生在主题班会中缺乏积极性，参与度不高，导致班会氛围沉闷。

信息传递不畅：班主任未能有效地将重要信息、班级规定或学校政策传达给学生，或者学生未能准确理解这些信息，导致后续行动不一致。

缺乏针对性：班会内容过于宽泛，缺乏针对班级当前问题的具体措施和解决方案，使得主题班会未能解决实际问题。

缺乏互动性：主题班会缺乏足够的互动环节，导致学生无法充分表达自己的意见和看法，班主任也无法及时了解学生的需求和困惑。

后续跟进不足：主题班会结束后，班主任未能对主题班会中提出的问题进行及时跟进和解决，导致问题悬而未决，影响班级氛围和学生情绪。

这些问题都可能影响班会的实际效果，使得班会不能充分发挥其应有的教育和管理作用。

如何开好主题班会

主题班会是围绕一个中心内容，有目的、有组织地进行的班集体成员的自我教育活动。其作为德育的有效载体和平台，对于统一思想，澄清学生的

认识，培养学生良好的道德情操，形成健康向上的舆论导向，奠定学生的世界观、人生观、价值观，发挥着不可或缺的作用。但据我了解，不少班主任对主题班会认识片面，重视不够，导致一些主题班会出现了功能的弱化、异化、片面化的现象；而有些年轻的班主任害怕组织班会，特别是主题班会，常听他们说"不知从何下手"。因此，有些班级一个学期也不开一次主题班会，甚至班会课常常成了自习课，其德育功能无法真正实现。那么，怎样才能开好一次影响深远、发人深省的主题班会呢？下面我就结合一些优秀的课例，谈谈自己的看法。

一、抓准时机，精选主题

主题班会是指班主任根据学生普遍关心的问题，从本班学生实际出发，确立主题，设立目标，制订计划，发动全班同学动脑动手动口，全身心投入和参与的一种主题教育活动形式。在活动中，要围绕教育的目的和主题，精心选择教育内容、教育形式、教育手段，通过寓教于乐的活动达成思想共识。如果偏离了主题或选题太大，那么不管有多么新颖的形式，多么丰富的内容，都不会达到教育目的。比如，有的班主任对"主题"一词理解不透，所选主题过大；对主题班会内容不加选择，"捡到篮里就是菜"，全然不管内容与主题是否吻合，能否为主题服务。这就造成了"形散神亦散"，给人一种"大杂烩"的感觉。那么怎样的选题才算大小合适呢？例如，"沟通——构建我的和谐世界"这一班会主题就大了，把学生周围的人际关系（包括与老师、家长、同学等的关系）用一节课都处理好比较困难；但若只是选定"如何与父母沟通"或"如何与老师沟通"等一个维度，就比较容易在一次班会上把每个细节处理好。这节主题班会，可以先给出沟通的原则和具体方法，再给每种方法配上学生表演，或演小品或演情景剧，让学生用亲身体验的方式理解每种具体方法，慢慢咀嚼其中滋味。这才算把这个小环节做透了，而不是泛泛而谈，只有这样，才能达到良好的教育效果。如果选题太大，就没法把一点做透。之后可以把这几个沟通话题作为系列主题逐一开展班会。可见，选题小，目的指向明确，内容好把握，重点易突出，定能达到良好的教育效果。

二、精心策划，仔细准备

主题班会的前期准备过程本身就是对学生的教育过程，不可轻视。会前应充分发动学生，让学生开展一些前期工作，班主任在一旁做好指导工作。准备过程宜细不宜粗，从选题开始，直至每个活动细节、每个材料应用都要精挑细选。以选题为例，如何做才算细？首先可以提前在班内发放班会主题调查表，让学生和家长共同商量后填写。另外学生还可由家长协助自拟题目，作为备选。不仅如此，还可对所选主题的认知情况进行前期调查，检测学生的已有认知，如果学生对所选主题的认知模糊不清，那就可以将其确定为主题进行教育了。确定主题后，学生分组准备，可以背对背审查彩排节目，主要负责同学一一把关，在这个过程中，学生各展才华，其主体性得以很好地发挥，责任感增强了，各种能力也都在不同程度上提高了，达到了用细节对学生进行教育的目的。另外，注重细节还要让主题班会的每个环节逐一递进，不能"粗线条""大写意"。例如，以"拼搏"为主题的九年级主题班会，可先从著名运动员的拼搏事迹过渡到成功学长的拼搏事迹，再从班级的拼搏过渡到个人的拼搏，这样由远及近，由集体到个人，容易引起学生共鸣。如果只是大谈名人，学生觉得遥不可及，教育效果自然不佳。这些活动细节的安排直接决定主题班会的成败。

三、形式多样，避免单一

在主题班会的实施过程中，学生活动形式尽量避免单一说教式，应多样新颖。充分发挥学生的主动性，可以让学生去主持会议，班主任在一旁做好压场工作。下面提供两种方式供大家参考。

1. 引入多媒体工具加强直观效果是现在常用的形式，作用不可低估。如今多样的电视、电影、电子游戏、杂志等无不吸引着青少年的注意力，如果我们还只用干巴巴的说教来进行教育，则很难引起学生参与的兴趣。使用多媒体工具，通过视频等手段，可以带领学生跨越空间与时间，领略不能轻易到达之处的风光；通过计算机能让学生快速地获得大量信息；通过音乐能渲染气氛，触动学生心灵最深处，达到活动的高潮。正确使用多媒体工具能够激发学生的兴趣，提高教育质量。

2.新课程倡导学生进行体验式学习，班会活动也应借鉴此方式，避免空洞说教。体验式实践活动借鉴了许多拓展训练的创意和心理学的许多游戏方式，学生喜闻乐见，全员全程参与，感受深刻，甚至终生难忘。同时它避免了一堂班会只是少数"活跃分子"的才艺展示，大多同学只当"观众""拍拍手而已"的尴尬，避免了主题班会的"主体"只有少数人群。主题班会的体验式活动让每个学生都有话可说、有情可触、有感可发，发挥每个学生的优势，调动每位学生参与的热情和积极性。例如，在一次题为"感恩"的主题班会中，我们应用了拓展训练的活动形式，把全班分成了两个大组，各选两个勇于承担责任的组长担任"临时父母"，当小组活动中某个成员出现过失时，都由他们俩进行教育。随着教育的一次次深入，每个组员也都逐渐被感动，由此学生体会到了父母在养育、教育自己的过程中的艰辛。整个活动过程对学生来说完全是崭新的、自然的，但影响是深远的。可见，班会的实施过程中活动形式要创新，要科学，要把教师课堂教学的智慧融入其中，这样教育的生命力必定鲜活。

四、深化主题，巩固成果

实际上，即使是一次很成功的主题班会，我们对它的作用也不可估计过高，因为学生的思想是在不断发展变化的。班主任不可能仅仅通过几次主题班会或者几次活动，就能把学生教育好。教育中的任何活动都具有滞后性，更何况一次主题班会。要使主题班会真正起到教育作用，绝不能忽略最后一个环节，即深化主题和巩固成果环节。班主任要进行跟踪教育，在主题班会活动结束之后，做到以下两点：一是及时掌握来自学生的信息反馈，抓住学生思想情感方面的变化继续加以引导，力求在每次活动之后，让学生心灵深处留下一点有价值的东西，并使他们在行动上有所表现。二是班会上作出的决定，班主任要监督学生执行，让学生从现在做起。例如，在"你为集体做了些什么？"主题班会后，班主任要及时表扬那些关心集体利益、为集体做了好事的学生；对于那些表现不佳的学生，教师则要及时批评指正。只有这样，主题班会才能真正发挥其效用。

综上所述，一次好的主题班会，从选题、准备到实施，再到最后的总结反思，不仅是"春风化雨，润物无声"，更应该是令学生心灵震撼的过程，应是教育的"重锤"。这是需要教育智慧的。这种教育智慧唯有通过不断地学习和实践，不断地总结反思，才能获得。

想要开好主题班会，首先要选好贴近学生实际、大家感兴趣的主题。然后，提前做好充分的准备，搜集相关资料，设计有趣的互动环节。班会过程中，要鼓励学生积极参与，多发表自己的观点和想法。同时，班主任也要做好引导和总结，确保班会能够达到预期的效果。最后，还可以留下一些思考的问题，让学生会后继续思考，让班会的影响更加深远。

第 9 问

不知如何召开微班会，怎么办？

 话题

不知如何召开微班会时，班主任可能会表现出迷茫和犹豫。不清楚微班会的主题和目标，导致内容零散、缺乏重点。在形式上，可能过于单一，缺乏创新和吸引力，无法激发学生的兴趣。此外，难以把握微班会的节奏和时间，导致内容过于冗长或过于简短，无法达到预期效果。由于缺乏经验和方法，无法有效地引导学生参与讨论和分享，使得微班会缺乏互动性和实效性。

开出魅力微班会

当下，学校教育已经"无微不至"，依托微信平台进行的"微教育"正在悄悄地进行，微课、微班会、微点评、微点赞等"微教育"也在如火如荼地开展。与传统班会形式相比，微班会是传统班会的浓缩与升华，既具备了班会课的许多共性特征，同时又有近、小、新、实等特点。将微班会的这些特点运用到日常的班级管理中去，有助于创新班级工作方式，增强教育的实效。微班会因为自身的这些特点和特殊的作用，正受到越来越多的学校和班主任老师的青睐。

近——近中明理。"近"就是贴近学生的心理，贴近学生的生活，让学生在微班会上分享他们日常生活中的小事，引导学生从中学习到生活的智慧和道德的规范。例如，为了配合全社会开展反浪费、反大吃大喝的"光盘行

动"，我班就举行过这样的微班会：同学们将第一个镜头对准了碗里的一颗饭粒，然后移动着镜头拍摄大群大群吃饭的学生，最后镜头定格在泔水桶上……班主任的画外音并没有使用"触目惊心""浪费惊人"这样的词语，只是在"锄禾日当午"的背景音乐中，用学习单的形式留下了探究的问题：14亿人每人丢弃一粒米，能供1个人吃几天？如果14亿人每人浪费1克粮食呢？会后，同学们都做了计算，并迁移问题，拓展探讨，写出了不少感想，并将这些都发布到了班级博客上。更有意义的是，这次微班会催生了许多反浪费的"姊妹帖"，得到的跟帖与评论达到400多条，让这个主题的微班会引发了好几个月的热议，不仅成了道德与法治课的生成性资源，也为数学、语文、物理课堂找到了链接的切口。

小——小中展大。"小"即话题微小，聚焦明确。由于时间的限制，微班会常常选择小微话题，一事一议，如学生的日常表现，多选择教室卫生、课堂纪律、课间安全、同学相处、与家长关系等话题。但与班主任的日常随机教育比，微班会有明确的主题，形式比较巧妙，交流比较深入，效果也显得更好。当然微班会有时也会有心理健康教育、理想教育等大话题，但常常表现为长话短说、一点深入的特点。

新——新中求趣。"新"即内容和形式的新，这是激起学生兴趣的关键。内容的"新"要求班主任要从现实生活中发现新问题，引导他们去思考。我校地处腾格里沙漠边缘的武威市凉州区，这里曾饱受风沙肆虐之苦。然而，近年来，武威人民积极投身防风治沙事业，取得了令人瞩目的成果。如今的武威，绿树成荫，防风林带宛如绿色长城，阻挡着风沙的侵袭。曾经荒芜的沙丘上，已长满了沙棘、梭梭等耐旱植物，生态环境得到了极大改善。在这样的背景下，我设计了"守护绿色武威"实践活动，组织学生参与到防风治沙一线，与治沙工作者一同种植沙生植物，亲身体验治沙的艰辛与不易。学生在劳动过程中，不仅深刻认识到防风治沙对于改善生态环境的重要性，更被治沙工作者坚韧不拔的精神所打动。同时，让学生采访那些长期参与治沙工作的前辈，了解他们的治沙故事和经验，激发学生对环境保护的探究兴趣，让他们在实践中感悟到自己肩上责任的重大，从而更加积极主动地投身到守护家园、保护环境的行动中来。

实——实中寻真。怎样把班级人格教育做"实"？微班会用学习来引导实践，不断提高学生的道德素养。感恩教育是班会的永恒主题，我班曾以"第一块蛋糕给谁吃"为标题，制作了一段微视频，布置的学习任务是"为爸爸（妈妈）做一次虔诚的服务"。这本是一个班级的微班会，结果引发了全校各班的道德实践，催生了诸如"我为卧床的奶奶洗头发""敬老院里的歌声""十八个饺子"等一批主题鲜明、情节生动的微视频，让许多师生和网友为之动容。学生从中不仅锻炼了自立、自律的能力，也学习了诸如导演、拍摄、剪辑等平时不常接触的技术。

这样的微班会，涉及的主题不大，关注的却全都是学生生活，看似与宏大的价值观有距离，但当类似的微班会集合起来时，我们会发现，社会主义核心价值观隐含其中；而开展核心价值观培育与坚守活动的主体，不再是班主任，而是学生自己。

 反思

微班会内容要精练，主题要明确，最好能够针对近期班级里出现的问题或者现象。形式可以多样化一些，比如用一个小故事来启发大家，或者组织一个小讨论，让大家畅所欲言。时间不宜太长，控制在十分钟以内最好。最重要的是，要让学生真正有所收获，能够从中得到一些启示，产生改变的想法，这样微班会才算真正成功。

第 10 问
班主任不知如何树立自己的威信，怎么办？

作为一名班主任，如何在学生中树立威信成了我当前面临的一大困惑。在日常管理中，我发现自己对学生的要求有时并未得到应有的尊重和执行，导致班级秩序无法有效维持。尽管我尝试通过严厉的方式来加强管理，但学生似乎并不买账，反而产生了抵触情绪。这让我反思，威信并非仅靠强硬手段就能树立，而是需要在关怀与原则之间找到平衡。我该如何在保证班级纪律的同时，建立起学生对我的尊重与信任，真正树立自己的威信呢？

威信，班主任工作的制胜法宝

当班主任难，这是大多数教师的共同感受。尤其在全面实施素质教育，鼓励学生保持个性的今天，班主任要想带好一个班，就必须得在学生心中树立起自己的威信。古人云："有威则可畏，有信则乐从，凡欲服人者，必兼具威信。"对于有威信的班主任，学生会心悦诚服地接受他的教育和劝导。班主任是班级的教育者和组织者，班主任对一个班的学生工作全面负责，对一个班集体的发展起主导作用。班主任在学生中的威信是由他的知识功底、品质修养、管理能力的综合表现决定的。根据多年的教育教学经验，我分享几点体会供大家参考。

一、用爱心培养，以"爱"生威

教育家陶行知先生说过："真的教育是心心相印的活动，唯独从心里发出来的，才能打到心的深处。"对学生要有爱心，这是教育的一个永恒话题，是解决很多问题的关键所在。班主任的爱心首先体现在平等地对待每一个学生，做到真正理解学生，尊重学生，并公正评价和对待学生。对不同的学生要一视同仁，不偏心，不偏爱，不偏袒，不歧视身心有缺陷的学生或后进学生；要尊重学生人格，尊重学生人身不受侵犯的权利，无论在任何情况下，都不能用刻薄、粗俗的语言讽刺、挖苦、嘲笑和打击学生，尤其是体罚和变相体罚学生。班主任在工作时，无论是批评学生、表扬学生，还是在其他工作方面，都要给学生一种真实的感受，让学生体会到你的爱无处不在。这样学生才愿意接近班主任，并愿与班主任讲心里话，班主任也才能在与学生交往的过程中逐步赢得学生的信赖，在工作中收到"不令而从"的效果，用爱心树立起作为班主任的威信。

班主任要有一颗爱心，爱的力量是无穷的。班主任在学生面前要以"慈母+朋友"的双重角色出现，脑子里时时刻刻想着的是学生，心中时时刻刻装着的还是学生。人非草木，孰能无情？当学生能真切地体会到那平凡而伟大的师爱时，春风化雨的教育就滋润着他们成长的心田了。取得进步时的一句表扬、犯错后的一次谈心、放学途中的一声叮咛、生病时的一次探望……都将在学生心底荡起阵阵涟漪，让师者亦师亦友。师爱是一种教师发自内心对学生的关心、呵护和信任的情感。俗话说，爱是孩子接受教育的第一动力。可见，关心爱护学生是对学生进行教育的前提，它可以提高学生的积极性和主动性，增加他们的学习兴趣。因此，班主任要有颗慈母般的爱心，既关心学生的学习，又关心学生的生活，还须为他们营造平等、和谐的环境，使他们感受到集体的温暖。

二、融情于管理，以"情"辅威

班主任要公正严明，公平地对待每一个学生。班主任的工作对象是四五十个学生,而这些学生的学习水平、行为素质都是参差不齐的。其实每个学生心中都有一杆秤,班主任的心偏向哪里,他们都是十分清楚的。要在四五十个学生中树立自身的威信,这就需要班主任把一碗水端平,要真正做到热爱每个学生,公平地对待每个学生;对于好学生要严格要求,对于后进生更要多一份情和爱。有时候一个小小的鼓励就是后进生上进的一个契机,有时候一个小小的批评也许会成为好学生"更上一层楼"的动力。记得陶行知先生说过:"你的教鞭下有瓦特,你的冷眼里有牛顿,你的讥笑中有爱迪生。"在形成威信的过程中,班主任公正的态度、宽阔的胸怀,肯定比教鞭、冷眼、讥笑要管用得多。

三、重内心修养,以"德"树威

班主任是教师,更是一个思想品德教育者,不仅要传播科学文化知识,更要以自己的思想品德和行为习惯教育、影响学生。有高尚品德的人本身就有令人折服的人格魅力,所以要树立班主任的威信就不能不注重自身品德的修养。首先,班主任在要求学生能够遵守学校制度的同时要以身作则,做学生的表率。如带头遵守校规、不随地吐痰、不乱扔纸屑等。其次,班主任要有健康的心理素质,以开朗的心胸、坚强的意志、丰富的情感和稳定的心态从事教育教学工作。不要动不动发脾气,喜怒无常,垂头丧气,损害自己的形象。再次,诚信的老师是学生最好的表率。班主任要讲诚信,说到做到。对于班规班约,如果班主任还没有考虑成熟,就不要轻易公布,一旦公布了就一定要坚决执行。另外,班主任还要敢于开展自我批评,敢于在学生面前承认自己的不足和错误,这样做同样也能赢得学生的尊重,不但不会削弱威信,反而更有利于威信的树立。

四、展自身才艺,以"才"强威

教师的天职是传道、授业、解惑。要成为一个为学生所接受的好班主任,首先必须是一个好教师,好教师就必须具有较好的专业素质。这种专业素质,包含扎实的专业基础知识、基本的教育科学知识和美学知识。宽广的知识面、灵活的教学艺术能使班主任备受学生的关注和尊重，形成自身的知识威信。渊博的知识、上课时的旁征博引、幽默风趣是班主任赢得威信的重要因素。另外，一个称职的班主任不但要有扎实的专业基础知识，而且还应该有广泛的兴趣爱好，比如多关注文艺、体育等方面的知识，这样与学生交流起来才不至于无话可说。我想，当一个班主任在课余时间与学生津津有味地大谈体育明星或集邮知识时，学生一定会惊呼："我们的班主任真了不起，他什么都知道！"事实证明，只有学识渊博、多才多艺的班主任，才会与学生有更多的共同语言，才最容易受到学生的尊敬，才最容易树立自己的威信。

五、要为人师表，以"仪"补威

班主任要以身作则，给学生树立榜样。中学时代是学生各种素质形成的关键时期，与此同时，他们的心理年龄也日渐成熟，他们已经开始学会怀疑，对于父母教师的一些话有时也会打上问号，在这种情况下就需要班主任在"言传"的同时还要时刻记住"身教"。班主任的身体力行，往往比空洞的说理更有说服力，用行动中体现出的人格力量来感染教育学生，是班主任树立威信的一个重要方式。有一次，刚开学不久，天气比较炎热，学生在户外锄草，开始时有不少人怨声载道，还有一些人躲在阴凉处偷懒，而当我投入到劳动中，带着他们一起热火朝天地干起来时，他们都自觉地做了起来，尽管同学们都大汗淋漓，但大家毫无怨言。在行动事实面前，再有力的理论与雄辩都会显得苍白无力，自身的行动是说服学生最好的理由。教育区别于其他劳动的标志是它的示范性。学生时刻都在注意教师的言谈举止，以教师为榜样，所以要求学生做到的，教师自己应率先做到，这样才能规范学生的行为。

教育是一项艰辛的劳动，它要求教师具有崇高的事业心和奉献精神。我们只有具备事业心，勤勤恳恳，秉持高度负责任的工作态度，才能得到学生的爱戴。

总之，作为班主任，要想树立威信，归根结底，对学生要抱有殷切的希望，要有一颗真诚、纯挚的爱心；工作时要兢兢业业，公正严明，要用自己的行动去感染学生、影响学生。这样，班主任在学生心目中的威信就不知不

第 10 问　班主任不知如何树立自己的威信，怎么办？

觉建立起来了。

爱心是教育的核心，也是班主任树立威信的基石。公正严明的管理方式也是树立威信不可或缺的一环。班主任需要在处理班级事务时做到公平无私，对待每一个学生都一视同仁，这样才能赢得学生的尊重和信赖。充满爱心的班主任能够通过关心和理解学生，与学生建立深厚的师生关系，从而自然形成一种令人尊敬的威信。班主任的专业知识和教学能力也是其威信的重要组成部分。一个知识渊博、教学有方的班主任能够用自身的专业素养赢得学生的敬佩，这对于树立威信至关重要。

第 11 问

学习优秀班主任经验效果不佳，怎么办？

 话题

学习优秀班主任的经验但效果不佳，可能会出现这些情况：班级管理依旧混乱，学生纪律性差，课堂秩序难以维持；学生学习积极性不高，成绩提升不明显，甚至出现下滑趋势；班主任与学生关系紧张，缺乏有效沟通和理解；班级氛围沉闷，缺乏活力和凝聚力。这些表现说明，教师在学习优秀班主任经验的过程中，可能没有做到因地制宜、因材施教，或者缺乏实践和创新。

他山之石，可以攻玉

要让我作为示范班主任来进行经验交流，那是非常惭愧的，因为自己需要努力的地方还很多。今天我就本着学习的态度，借用这个难得的机会，把自己承担班主任工作以来的心得和体会跟大家进行探讨和交流。其实我的很多经验和做法是跟许多优秀班主任学习的，因为我觉得他们在担任班主任的过程中都有一套独特的管理方法和管理经验，而且是比较成功的。那么我就借中国的一句古话"他山之石，可以攻玉"来谈谈我在担任班主任过程中遇到的四个问题及解决方式。

一、怎样对待和处理违纪的学生？

学生违反纪律一定要受到适当的、必要的纪律处分。校有校纪、班有班

第11问 学习优秀班主任经验效果不佳，怎么办？

规，无规矩不成方圆。但是怎样才能使受到处分的学生心悦诚服地接受处罚而不产生抵触情绪呢？过去一年多来，我在班上大力推行这样一种方式：对违反纪律情节比较轻的学生，我让他们上讲台唱一首好听的歌或者讲一个动听的故事；对于违反纪律情节比较严重的学生，我要求他们用正楷字写一份违纪心理报告，描述他们违纪时的心理状态，这份心理报告不是保证书，更不是检讨书。经过一段时间的实践后，我发现这种处罚方式的效果比以前明显好了很多。第一，受这种处罚的学生一般不会对老师产生心理上的抵触情绪，因为他在上面唱歌或者讲故事时，下面的同学会给他热烈的掌声，可以说他是在一种很快乐的氛围中受到教育。第二，学生在众目睽睽之下唱歌或者讲故事，大家的目光都集中在他身上，对他的口才及胆量是一个考验和训练；写违纪心理报告的学生要用正楷字来写，这也间接地培养了他的书写能力和语言组织能力。第三，可以使学生的心态更加积极、健康，挖掘出他们的潜能。班上有一个男生，平时很调皮，有一次违反了班级的纪律，在楼道墙壁上乱涂乱画，他选择了罚自己上讲台讲故事，结果他讲的故事不仅流畅，而且情节生动，获得了同学们一阵又一阵的掌声。在同学们的掌声中，他的自信心大大增强了，而且充分地意识到自己其实并不比别人差。我这种方式正是借鉴了魏书生老师的教育方法，起到了较好的教育效果。

二、怎样才能使学生虚心地接受批评教育？

记得我刚做班主任的时候火气是比较大的，很容易发脾气批评学生，有时弄得自己也很难堪，下不了台，而且我发现用这种方法批评学生，他即使表面上接受了，其实也只是慑于你做班主任的威严而心里不服气。后来我在做班主任的过程中不断地反思和探索，摸索出一些行之有效的招数。有一招叫作"退三进一"。我们看电视时经常可以看到这样的镜头，老虎等凶猛的动物在进攻前首先是身体向后撤退，为什么撤退呢？是为了更好地向前进攻！我们批评学生一个缺点的时候不妨先表扬他的三个优点，此谓"退三进一"。每一个学生都有自己的优点，作为班主任应该善于捕捉每一个学生身上的闪光点，虽然可能只是一个小小的闪光点，但你很有可能通过这个小小的闪光点挖掘出他的潜力。班主任批评学生，最好不要在学生刚犯错误时，因为这时双方的情绪容易激动，控制不住就容易发生冲突；可以在情绪稳定之后，或稍隔一段时间进行。批评的场合也要注意，应尽量避免在人多的场合，以免学生紧张，达不到预期效果。班主任的批评方式要灵活多变，切不可千篇一律。对于那些性格开朗、易于接受批评意见的学生，可直接指出他们的缺点；对于那些性格倔强的学生，要心平气和地和他们谈话，并且要避免冲突；而对于那些轻率的学生，就不能过于迁就或温和，批评可以言辞严厉，但不能辱骂，以免伤害其自尊心。班主任批评学生可实行"心理位置互换"，设想自己处在受批评学生那种境遇和心理状态，将会如何想，如何做。这样推己及人，将心比心，就能使自己的批评热情而诚恳，更具有针对性和可接受性。受批评的学生感受到班主任的温暖，也不会产生戒心和敌意，这就为学生接受批评提供了最佳的心理状态。

三、怎样营造一种良好的班级学习氛围？

凡是有着自主宽松的良好学习氛围的班集体，它所培养出的学生其整体的学习水平一般不会差，这正是因为同学之间存在着一种良好的竞争关系。当他们发现周围的同学都在很认真很刻苦地学习时，他们就会感到压力，而正是这种压力促使他们产生了拼搏的动力，从而也开始努力。事实上，他们被别人所影响的同时也在不知不觉中影响了别人。久而久之，形成了良性循环，整个班级的成绩自然而然地就提高了。相反，一个班风不正、课堂纪律又难以保证的集体要想在成绩上取得巨大进步也是不大容易的。在班级管理上，我积极主张这样一个理念：用良性竞争带动班级发展，用榜样行为打动学生心灵。这个理念一直贯穿于我管理班级的整个过程中。为了配合这个理念，我为班级设计了两套独特的掌声，一套是用来鼓励自己的，一套是用来鼓励他人的，通过这一理念和这两套掌声，激发学生的学习兴趣。学习上，我积极地鼓励学生向老师提问，甚至是提出有挑战性的问题，以激发学生的思考。纪律上，我积极践行个别班主任提出来的"先专政后民主"的原则，一个班级必须要有严明的纪律，一切行动听指挥，步调一致才能取得胜利。

班主任应坚守自己的原则,一旦违反原则,将失去学生的尊敬和拥护。班上有个男生,有一次被班干部记名之后产生了很强烈的反应,他认为自己不过是迟到了两分钟,就被班干部记录下来,觉得我们的纪律实在是太严格了,最后与班干部发生了激烈的争吵。我对他违纪的事情做了妥善的处理。通过谈话,在我没有要求他赔礼道歉的情况下,他自己主动地向主管纪律的班干部承认了错误。鉴于他的进步,我后来试用他担任班干部,结果他很成功地组织了几次班级活动,由对班级纪律不满者变成了班级纪律的积极维护者。

四、怎样培养一支高效率的班干部队伍?

刚开始做班主任的时候,每天忙得焦头烂额,但效果并不理想。我产生了困惑:这样做班主任的效率是不是太低了?难道做班主任一定要做到事无巨细、大包大揽?问题的症结就在于没有很好地培养一支高效率的班干部队伍。班主任、班干部及学生三者之间的关系如同伞柄、支架和伞面,一个再好的伞柄,如果没有支架的支撑,是无论如何也撑不起一片伞面的。记得有一次在班主任研讨会上,有位班主任曾经介绍过给班干部"戴高帽子"的方法来培养班干部,这一招还是挺有用的。我以前也用过这种方法,但用起来没有那么得心应手,究其原因,主要是自己在时间和场合上把握得不够好,经常在公共场合给班干部支持,树立他们的威信,但却忘记了其他学生的感受,无意中引起一部分学生的不满情绪。听了一些班主任的经验后我才茅塞顿开,由公开场合高调支持逐渐变为背后默默支持。针对每一个班干部的特点多鼓励,少指责;多表扬,少批评;多说好听的话,少说不满的话。这样给班干部"戴高帽子"后,班干部做事情的积极性更加高涨,对班级的工作更加尽心尽力,成为了我得力的助手。但人的情绪不可能永远高涨,班干部遇到挫折的时候也很容易沮丧,这个时候班主任应该教他们一些工作方法和技巧。我经常对班干部说,能担任班干部不仅是因为你们学习表现好而得到的一种荣誉和奖励,也不仅是因为你们能够以身作则,严格要求自己,主要还是因为你们具有较强的独立工作的能力,在同学们心中有威信,大家才选你们的。为了锻炼和提高班干部的能力,我带领他们结合班级实际,制订各方面的管理制度，让他们大胆工作。我也只在必要时给他们出主意，做些指导。事实上，他们的确也做到了，能把同学们团结在身边，带领同学们把班级活动开展得有声有色，而很少需要我过多干预！我只是偷偷地关心，暗暗地管理。对于培养班干部，我总结了一句话："班级无小事，事事你得管，但事事不独揽。"

总之，作为班主任要善于总结，在不断总结中找出工作中存在的问题，及时改进，这样班主任工作才能不断进步，更上一层楼。做好班主任工作并不是一件容易的事情，我们只有从点滴做起，从小事做起，因势利导，做到有规有矩，严爱并施，增强责任意识，这样才能成为一名优秀的班主任。

反思

想要更好地学习优秀班主任的经验，首先要多观察、多倾听，看看他们是如何处理班级事务的，倾听他们与学生的沟通方式。然后，试着将这些经验融入自己的工作中，并结合自己班级的实际情况进行调整和创新。同时，保持谦逊的态度，多向其他老师请教，共同探讨班级管理的方法和技巧。

第 12 问
任课老师不配合班主任工作，怎么办？

任课老师不配合班主任工作，可能会带来一系列问题。首先，班级管理和教学计划的实施可能受到阻碍，因为任课老师和班主任之间缺乏协同，导致教育目标难以统一。其次，学生可能会感到困惑，因为不同的老师传递的信息和要求可能存在冲突，这不利于他们的学习和成长。此外，班主任难以全面掌握学生的学习情况，因为任课老师可能不会积极分享学生的表现和反馈。这些问题都会对班级的整体教学质量和学生的学习效果产生负面影响。

班主任如何与任课老师相处？

常言道：一个篱笆三个桩，一个好汉三个帮。那么，作为一名班主任，当然也不能孤军奋战了，班主任需要各个任课老师的帮助才能更好地管理班级。

第一，要尊重任课老师，认真听取任课老师的建议。任课老师在他的课堂上，或者他所教授的课程上有很大的发言权。所有任课老师的意见汇总起来，就是这个班级的真实面貌。勤和任课老师沟通，多听听他们的建议，能开阔视野和思路，最大限度地吸收别人的智慧，帮助解决班级学生问题。听取任课老师的建议更有助于全面了解班级，更好地管理班级。

第二，要与任课老师相互学习，相互团结。在所有课程中，往往有那么一门或两门课深受学生的喜爱。作为班主任,要与这些任课老师及时沟通,学习其教学经验和方法,为更好的教学寻找途径。另外,任课老师在教学中如果出现错误或不妥之处,也应委婉指出,例如拖堂及知识性错误等,这样更能确保班级向着一个好的方向发展。与任课老师的交往中,不能为小事斤斤计较,应学会宽容待人、相互支持。例如,当任课老师请你帮忙时,班主任决不能用"我很忙""改日再说吧"等借口予以拒绝,要乐于承担。相反,有时一件小事也会疏远任课老师与班主任的距离,这不利于老师之间的精诚团结。

第三,班主任要在班上树立起任课老师的威信。班主任常常和学生打交道,大多数学生在班主任面前都是言听计从,课堂上能做到专心听讲,课后能完成作业,几乎没有拖拉作业的现象。但其他科目的作业拖拉现象会经常出现,令任课老师担忧。这不利于各科的均衡发展,所以班主任要教育学生一定要听任课老师的安排,按时完成作业,从而树立起任课老师在班上的威信。

总之,作为一名班主任,不能光为自己着想,要有长远的眼光,要顾及班级整体的教育教学工作,经常与任课老师取得联系,认真倾听他们的意见,积极配合其他老师的工作,充分调动其他老师管理班级的积极性。班主任加强与任课老师的沟通,才能把班级管理工作抓出成效。

班主任和任课老师相处,最重要的是要相互尊重、相互理解。要多沟通、多交流,共同关注学生的学习和成长。遇到问题时,可以一起商量解决,不要互相推诿。同时,也要学会欣赏对方的优点,多给予支持和鼓励。班主任可以主动邀请任课老师参与班级活动,增进彼此的了解和信任。

第二节　班级文化建设

第13问

不知如何发挥班干部的"领头羊"作用，怎么办？

 话题

班集体是培养学生的基本单位，是培养学生全面发展的摇篮，也是班主任的得力助手，是任课老师与学生间的桥梁。班干部是否有能力，直接影响班级管理工作的开展。在班级管理中，不知如何发挥班干部的"领头羊"作用，怎么办？

火车跑得快，全靠车头带

班主任是班集体的组织者、指导者和教育者，肩负着一个班的教导工作。但班主任不可能与学生形影不离，那么怎样去了解班级的详细情况，做好班级的管理工作呢？这就需要培养班主任的得力助手——班干部。

首先，这些班干部怎么产生呢？

第一，鼓励学生自愿担任班干部。因为这就表明他们愿意帮老师，为班

级服务，他们会尽力做好工作。至于能力，以后可以慢慢培养。例如，我班的体育委员、生活委员就是这样产生的。

第二，如果学生对自己缺乏信心，没有自愿站出来的人，班主任就应该对他们进行鼓励、开导，再进行民主选举。这样产生的班干部会带着大家的信任，内心有很强的责任感，也能很好地为班级、为同学做一些力所能及的事情。

其次，班干部选出来后，他们不应仅仅只有一个名义上的头衔，而应真正发挥他们的作用。班主任在此过程中的指导和教育至关重要。

第一，提高认识，使学生明确当班干部的重要性。在班集体中经常会遇到这样的事：班干部选出来后，有的学生却不愿意干；有的学生担任一段时间的班干部后，找各种理由辞职。这时班主任应该弄清学生不愿意担任班干部的原因，只有弄清了原因，才能有针对性地对学生进行教育。经过耐心细致的思想工作，消除学生思想上的顾虑，他们的认识水平才能提高。要使学生认识到当班干部的目的是使自己能够在多方面得到锻炼，增长自己的知识，提高自己的能力，为将来自己在社会中面对激烈的竞争打下基础。比如当宣传委员，看似轻松，实则要做的事情很多：要指导同学出黑板报，自己就必须掌握一些有关黑板报方面的知识；要搜集有关的资料，宣传学校的规章制度，社会中的好人好事、先进人物等等。

第二，端正态度，使班干部树立为同学服务的思想。学生明确了当班干部的目的，班主任还必须对班干部进行服务意识的教育，使班干部从一开始就树立为同学服务的思想。只有树立了为同学服务的思想，班干部才会有责任心，才会有工作热情，才能真正发挥作用。

第三，作为班主任，还要在工作中教会班干部一些具体的工作方法。如通过制订工作计划、定期召开班干部会议、设计主题班会、开展丰富多彩的班级活动等指导班干部做好工作。

总之，我觉得要真正发挥班干部的作用，无论是对班干部的选拔还是对班干部的思想教育都很重要。在发挥班干部作用的同时，班主任也要很好地发挥作用。在班级管理中注重培养班干部的管理能力，充分发挥班干部的"领头羊"作用，这样一来既培养了学生的管理能力，又能让班主任在工作中

第13问 不知如何发挥班干部的"领头羊"作用，怎么办？

省心、省力。在过去的几年班主任工作中，我总结了培养班干部的做法。

一、民主选拔班干部

俗话说，火车跑得快，全靠车头带。班委会的领导力对于班级的和谐与发展至关重要。新接手一个班级必然要了解学生情况，而选拔班干部就更需要了。经过两周的了解，在选拔班干部之前，班主任还可以做个简单的人际关系调查，例如，通过问卷或小组讨论的方式，让每个学生列出喜欢在一块相处的三四个学生的名单，最后班主任汇总，找出人际关系较好的几个学生，做到心中有数。同时，在班会上，班主任要尽量动员每个学生都发言，让他们讲出对班干部的要求和希望，并充分肯定每个学生合理的意见和建议。对于学生不正确的想法，班主任要适当地加以引导、纠正。有的学生讲的是具体事例，班主任可引导学生进行概括。最后，总结出班干部的标准：学习好，有较强的学习能力；身体好，平时积极锻炼身体；有较强的组织能力和语言表达能力，以便能开展班级工作，组织班级活动；思想品德好，能关心他人、关心集体，能真心实意地为同学、为班集体服务，在班上能起到模范带头作用；具备团队合作精神，能够妥善处理同学间的矛盾。

班级同学互相了解以后，可以采取民主选举制，通过民主选举的方法来选拔班干部。这样既有利于充实和完善班干部队伍，又有利于培养学生的民主思想、主体意识，调动全班学生参加班级活动的积极性。由于班干部是通过学生民主选举产生的，所以能得到学生的信赖和支持，有利于他们创造性地开展班级活动，也有利于增强班集体的凝聚力。

通过全班民主选举产生的班干部包括正、副班长，学习委员，纪律委员，劳动委员，体育委员，安全委员，由他们组成班委会。各小组组长可以通过小组内民主选举的方式产生，各科课代表可以由各科教师指定，也可根据学科特点和学生情况，采用民主推选等其他合适的方式确定。

二、在工作中精心培养班干部

1.明确班干部职责。班委会建立后，我便组织召开一次班干部会议，会上主要讨论每个人在班集体中的工作职责。会议上，要注意营造平等和谐的氛围，将自己置于聆听者的位置，引导班干部各抒己见，畅谈想法。当需要我做决定的时候，我才发言，给他们合理的建议。班干部经过共同探讨，将各自的职责作了明确分工，例如：班长负责管理班级整体，副班长、学习委员主抓班级学习状态，副班长、劳动委员负责管理检查班级卫生，副班长、纪律委员主抓班级纪律，体育委员主抓班级体育工作等。因为有了明确、具体的责任分工，在开展工作中要求他们做到各司其职，有的放矢，并强调要通力合作。

2. 加强教育，培养责任感。在班级工作中加强对班干部的教育，培养他们的责任感。

3. 及时召开班干部会议，提高班干部的管理水平。通过及时召开班干部会议，了解班干部工作中存在的问题，教授有效的解决方法。强调"班干部是为班级服务的"的意识，强调他们的一言一行对班级的重要性。给受了委屈的班干部提供一个表达和发泄的平台，使大家看到他们的努力。及时和个别工作不顺利、心理上有障碍的班干部交流，以诚相待，帮助他们树立信心。

4. 树立榜样。我常常教育班干部，要想在同学们中树立起自己的威信，要想更好地为大家服务，必须处处做大家的榜样。班干部应该是遵守纪律和尊敬师长的模范；积极参与活动；学习上积极主动；在平时与同学的交往中要做到谦让；在劳动中要主动挑最脏最累的干；在老师不在时，要成为同学们最信赖的人，敢于负责；处理问题要公正。长期这样培养，班干部在班集体的建设中就能发挥核心作用了，他们的管理水平也得到了提高。

5. 树立班干部的威信。班干部在工作中常常会因为处理不当、严格要求等原因而受到同学指责或孤立，要让班干部没有畏难情绪，仍然想管、乐管、敢管，这就要求我们教师适时介入，为其搭桥铺路、消解矛盾。既树立班干部的威信，又让班干部认识到自己工作方法的不妥，指导他们改进。

6. 培养班干部的讲话技巧。班干部是班主任管理班级事务的助手，培养他们的讲话技巧，可以有效地团结同学，形成优良的班集体，完成各项任务。首先，要加强班干部自信心的培养，使其敢于大声说话。有些班干部思维敏捷，头脑灵活，能创新地解决问题，学习成绩很好，人缘也很好，在同学中也有一定的威信，但就是不敢大声说话，尤其是在全班同学面前容易紧张，影响班级工作的开展。分析其原因，缺乏自信心是主要因素。因此，班主任要加强对班干部自信心的培养，要给班干部提供大胆说话的机会，让他们在实践中锻炼自己。并且，对班干部在表达中的错误要包容，允许出错，不能当他们一出错，马上就大声批评，这样会挫伤班干部的信心。我在班会上，让班干部面对大家发言；在课堂上，要求学生走上讲台发表自己的观点。我还利用班级值周让班干部进行演讲，鼓励班干部在认真准备的条件下代表班级发言。此外，要求班干部注意语言表达能力的提高，要求他们利用可能的机会进行多样化的练习，只有把这一要求转化为班干部的内在需求，才能发挥其积极性和能动性，才能加快其自身能力的提高。

7. 班干部要树立"干部"形象。班干部要把干部岗位当作学习知识、培养能力、为同学服务的机会和阵地。在工作中做到勤学习、勤思考、勤实践、勤总结，不断提高自己分析与解决问题的能力、审时度势的能力、语言文字表达能力和组织管理能力等等。同时，还要学会做人，乐于助人，不断提高自己的思想道德素质，学会与人交往的艺术，不断提高协调人际关系的能力。在全心全意地为同学服务的过程中，逐步塑造自己完美的人格，努力提高自身的综合素质。班干部只有塑造良好的形象，才能得到老师的信任和同学的尊重，其工作也才能得到多方面的支持和帮助。

总之，班主任对所有班干部要充分信任，大胆放权，耐心听取他们在班级管理方面的合理化建议并采纳，给他们足够的信心和成就感，调动他们的工作积极性，使班干部真正成为班主任的左膀右臂，这样班级就会建设得更好。

要发挥好班干部的作用，首先要明确他们的职责，让他们知道自己要做什么。然后，多给他们锻炼的机会，让他们在实践中成长。班主任也要多关心、多指导他们，在他们遇到困难时及时给予帮助。同时，要鼓励班干部发挥主动性，多提出自己的意见和建议。还可以定期召开班干部会议，大家一起总结经验，交流心得。

第 14 问

班级文化建设不知从何入手，怎么办？

当班主任在班级文化建设方面陷入困惑，不知如何着手时，往往会呈现出迷茫且缺乏明确方向的状态。他们可能不清楚班级文化的核心内容和目标，难以确定建设的方向和重点，缺乏有效的方法和手段来推动班级文化建设，无法激发学生的积极性和创造力。由于缺乏经验和指导，班主任可能难以将班级文化建设与日常教育教学工作相结合，使得文化建设流于形式、难以落地。

潜移默化塑灵魂

学校文化是一条流淌的长河，学校文化的核心是学校办学理念，即学校共同的价值观念、价值判断、价值取向；学校文化是一项持续的工程，需要坚持理念与实践、共性与个性、继承与创新的统一；学校文化是一股不竭的动力，学校应当在加强硬件、软件建设的同时，重视学校文化建设这一无形资产的"潜件建设"。其实，班级文化也是如此，建设班级文化也是一项持续的工程，建设好了，班级文化也是一股不竭的动力。

班级文化建设通过班风建设、教室设计、开展各种文化活动，以及教师的言传身教，使学生在潜移默化中受到熏陶与感染，并形成积极的道德情感，从而将道德认识内化，并升华为道德信念和道德理想。班级文化的内容包括班级物质文化、班级制度文化和班级精神文化。高雅、生动、形象的班级物质文化，对学生具有潜移默化的教育影响力和感染力；制度文化是物质文化和精神文化的保障；良好的班级精神文化是班级文化的灵魂。

一、用"细心"做好班级物质文化建设

班级物质文化建设是指教室环境建设。苏霍姆林斯基曾经说："无论是种植花草树木，还是悬挂图片标语，或是利用墙报，我们都将从审美的高度深入规划，以便挖掘其潜移默化的育人功能，并最终连学校的墙壁也在说话。"教室是学生学习、交际的主要场所，是老师授业、育人的阵地，是师生情感交流的地方。整洁、明丽、温馨的教室环境可以陶冶情操，给人以启迪教育。因此班级文化建设首先要抓好教室的环境布置。我认为教室布置须"细心"，要注意每一处细节，随时留心，随时调整。

在抓教室环境布置时，首先是班训，本学期我将"学勤虑深，志恒愿臻"作为本班的班训。班训不仅要上墙，让学生随时可见，还应入心，真正成为学生的行为准则。上墙容易入心难，需要班主任时刻引导，在这一点上，我先让学生自己推荐班训，然后共同确定班训；接着让学生写写自己对班训的解读，并在全班交流；最后是每周周一的早读全班同学一起读一遍班训，借以励志。其次是班级墙壁上贴学生搜集的名言警句，这些名言警句通常是针对某一时期学生具体的情况有意识地张贴上去的。例如，针对有些学生上课爱发言但是不经过深入思考，影响了整个班级的课堂效果，我就和班干部一起写了有关"深思"的警句贴在墙上，并在班会及其他适合的时机引导学生深入思考之后再发言。针对学生前一段时间对学习不太认真，将注意力放在其他方面，我又在墙上贴了培根的名言"读书足以怡情，足以博采，足以长才"。教室后面的墙壁上则是奖状区和学习园地，张贴奖状可以增进学生的集体荣誉感；学习园地既展示了优秀作业，又给其他同学树立了榜样。为了随时引起学生的注意，我将班规布置在前后门的显眼处，让学生一进门就能看到。

二、用"爱心"做好班级精神文化建设

班级的精神文化是班级文化的核心和灵魂。它主要是指班级成员认同的价值观念、价值判断、价值取向、道德标准、行为方式等。怎样才能帮助学生建立起班级认同呢？我个人认为需要有足够的爱心，我们只有真心地爱学生，为了学生的发展，不受私心的干扰，才能真正地做好这件事。

苏霍姆林斯基说过："集体是教育的工具。"班级的向心力是一种强大的无形力量，会对每一个学生的个体发展起到巨大的潜移默化的教育和激励作用。

要用爱心制订班级目标，引领师生向目标攀登。班级目标有总目标和分目标。总目标一般指在整个小学、初中、高中等阶段，班集体要达到的一个指标。它包括学习、纪律、道德、班风等分目标，这些目标都可以用标语的形式写出来，张贴在教室的醒目位置，或作为学生的座右铭张贴在学生的课桌上。目标是航道上的灯塔，引领船只到达理想的彼岸；目标是定位系统，让你永远不失航向。本学年我在开学初就针对我班实际制订了相应的目标，我将班级总目标定位在争取进入年段前五名，确保人人都有相对的发展与进步。其他目标相对更有针对性，比如让学生对班级建立认同感，通过开展丰富多彩的活动来促进班级凝聚力的形成。一般来说，现在最能调动学生情感的就是大的体育竞赛活动，上学期我就成功利用校运会和校园篮球联赛的机会，空前地激起了学生的班级认同感和自豪感。

三、用"耐心"做好班级制度文化建设

班级制度文化建设为学生提供了评定品格行为的内在尺度，使每个学生时时都在一定的准则规范下自觉地约束自己的言行，使之朝着符合班级群体利益、符合教育培养目标的方向发展。但是，制订制度不是困难所在，而长期一贯的执行才是难点，因此做好班级制度文化建设的关键是要有耐心，耐心做好日常监督，耐心做好日常榜样的树立，耐心做好后进生的转化。

我班的制度文化建设主要是认真学习校纪校规，然后根据我班的实际情

况,经过大家的讨论再补充一些细则和具体的要求,使学生日常行为评价规范化、具体化和制度化。同时,我将工作重点放在落实上,主要进行了三项工作:一是建立了班级学生个人成长记录袋和量化积分表;二是长期进行班干部的指导和培养工作,让他们学会管理;三是树立各方面表现出色的典型,把表扬放在最重要的位置上。把这三者结合起来,落实效果不错。

在班级管理中,各位班主任或多或少都在进行着班级文化建设工作,我们只要有意识地利用文化具有的潜移默化性、自我教育性等特点,采取渗透的方式,把教育思想贯穿于整个文化环境中,充分发挥班级文化的育人功能,我相信我们的班级会成为更和谐的班级,我们的学校会成为更和谐的学校。

做好班级文化建设,首先要确定积极向上的班级理念和班风,这能增强大家的凝聚力和归属感。然后可以组织一些班级活动,比如主题班会、文化墙设计,让大家共同参与进来,感受班级文化的魅力。还可以利用教室的角落,设置读书角、荣誉展示区,营造浓厚的学习氛围。另外,做好班级制度文化建设也是营造良好班风的关键,要有相应的班训和班规、明确的班级目标和行为准则、有效的奖惩机制。最重要的是,班主任要引导大家树立正确的价值观,让班级文化真正深入人心,让班级文化成为大家共同的精神家园。

第 15 问

班级学风不浓，怎么办？

 话题

班级学风不浓体现在这些现象中：学生普遍缺乏学习动力和兴趣，课堂上注意力不集中，常有分心、打闹的现象；课后作业完成情况差，抄袭、拖延现象严重；班级内缺乏积极向上的学习氛围，学生之间缺乏交流和讨论，不愿意分享学习心得；考试成绩整体偏低，进步缓慢，甚至出现下滑趋势；班级缺乏明确的学习目标和计划，学生没有明确的学习方向，缺乏自我驱动的能力。这些现象都反映出班级学风不浓的问题，需要班主任和其他老师及时采取措施加以改善。

凝聚共识促学风

俗话说，一个好的班主任能带出一个好的班级。教学是我们学校工作的核心，学习是学生的主要任务。一个班级，如果没有良好的学习风气，学生没有浓厚的学习兴趣，那就不能算得上是一个优秀的班级。学风，就是学习的风气，是指集体中每个成员的学习态度、学习目的、学习干劲、学习方法等的总和，是学生的思想作风在对待学习问题上的表现。良好的学风是指在正确思想指导下，符合一定学习规范的行为习惯。同时，良好的学风也是良好班风的具体反映，是学生完成学习任务、提高学业成绩的重要保证。班主任在建设一个优秀班级的时候，最重要的任务是营造良好的班级学习风气。

良好的学风，能促进学生奋发向上、刻苦学习，以严格的要求约束自己，团结一致，增长知识才干。那么，如何培养良好的学风呢？

一、选择培养优良学风的突破口

优良学风，不会同时从几个方面形成，必须根据班级实际，先从一两个方面开始，选好突破口。如班上较多学生热情、好动，可以从义务劳动、文体活动开始；如较多学生踏实、好学，可以从勤奋学习、高质量地完成作业开始。不论从哪方面开始，都要有意识地在活动中培养良好的风气。

二、精心培养典范，树立身边榜样

任何好风气的形成，都需有人做带头人。当我们选择了优良学风的突破口，就应密切注意在活动过程中涌现的好人好事。好风气的带头人可以是一个人，也可以是几个人，要对其大力培养，提高他们的思想认识，使他们的好行为成为更自觉的行动。经过一段时间的培养、观察，发现他们表现稳定后，就可以树立他们为集体中的榜样了。好风气的形成，不能靠口头介绍，要多让事实说话，这样才能发挥榜样的力量。榜样抓好了，好风气会像滚雪球一样，越滚越大。

三、充分运用舆论力量，推动优良风气的形成

舆论是风气的向导，优良学风的形成离不开班级舆论力量的有力配合。一个班集体，如果好事无人夸，坏事无人敢于批评，那要形成良好风气只能是一句空话。所以，当好风气还处在萌芽状态时，舆论力量应该为它"浇水、施肥"，使之更快地开花、结果；当好风气已初步形成时，舆论力量应加大宣传力度，帮助它发展、壮大、巩固；当好风气遇到挫折、干扰时，舆论力量应该鼓舞士气，用思想武器帮它排除干扰因素；当好风气已经稳定，成为一种优良传统、一种好的习惯时，舆论力量应该进行强化宣传，提出更高要求，使之发扬光大，代代相传。让舆论为优良学风呐喊、助威，一定会更好地促进优良学风的形成。

四、培养优良学风要持之以恒

优良风气的形成,需要一个较长时间的培养过程,而且不会一帆风顺。这是因为:一方面,好风气要有良好的思想基础,如正确的学习目的,高度的自觉性和责任感,不怕困难的勇气和坚韧不拔的毅力,正确的学习态度,科学的方法,能理论联系实际,谦虚严谨,奋发进取等;另一方面,还要有群众基础。个别人的好作风,不是优良的学风;一时一事表现出来的好作风,也还不是优良的学风,而只是一种苗头。一种好风气只有成为班级大多数人的作风,成为一种传统习惯时,才是优良的学风。好风气的培养过程中,总会有干扰,有对立面,这是思想斗争的反映。要克服干扰,需要时间和精力,所以培养优良学风必须持之以恒,不断努力。

五、挖掘潜能,注入动力,增强信心,制订目标

每个学生都有理想,有抱负,但可能不能持之以恒地去努力奋斗,这就需要班主任充分挖掘学生的潜能。在课堂上、作业批改时、日常交谈中,能给学生肯定的要及时肯定;在日常工作和学习中,要鼓励学生积极参与,调动学生积极性,强化学生参与精神,深化学生参与意识。帮助学生树立了信心后,带动全班学生制订目标。人只有确定了目标,才会产生为实现目标奋斗的动力。每个人都渴望成功,但成功是一个艰苦的过程。目标对于成功的重要性,就如空气对人的重要性一样。目标必须切实可行,要具有前瞻性、激励性,学生才能保持高昂的士气、坚定的信心、持久的恒心、不屈的雄心。这样就为优良学风的培养注入了永恒的动力。培养优良学风,不是靠班主任一个人的努力就能完成的,而要靠全体教师集体智慧的力量,为此,要注意与各科教师的信息沟通。一方面,班主任要深入学生之中,了解学生对各任课老师的评价、对教师教学工作的意见和建议,并把有关信息及时反馈给任课老师;另一方面,班主任更要积极主动向任课老师了解班级的各方面情况,定期召开学生座谈会,召开班干部会议,引导他们提出一些合理建议,解决存在的问题,把班级的动向把准,工作做到有的放矢,以便不断改进,不断

进取。加强了与各任课老师间的协作，及时了解学情班情，也就为优良学风的形成架设了桥梁。

学风不浓，可以先组织一些班级活动，增强大家的凝聚力和归属感。比如，开展主题班会，让大家共同探讨班级的目标和追求；或者组织一些团队建设活动，让大家在活动中增进感情、互相了解。班主任也要多关心学生的学习和生活，多表扬进步大的学生，树立榜样。还可以制订班级规章制度，引导大家形成良好的行为习惯。相信通过多方面的努力，良好的学风一定会逐渐浓厚起来。

第 16 问

班级凝聚力不强，怎么办？

 话题

学生之间缺乏交流和互动，关系疏远；班级活动参与度低，学生缺乏集体荣誉感；面对班级问题时，学生态度冷漠，不愿主动承担责任；班级内部容易出现小团体，小团体存在排外现象；班级氛围沉闷，缺乏活力和积极向上的气氛……这些现象都反映出班级凝聚力不强，学生未能形成集体意识，需要班主任通过有效的活动和措施来增强班级凝聚力。

老师，我能行

走过炎炎夏季，新学期在凉爽的秋日里开始。依学校安排，我留任九年级（8）班的班主任。按照惯例，要尽快建立新的班委会。但由于对学生情况一无所知，又不可草率行事，我打算还是暂由原任班干部组成临时班委会，开展日常工作。

之后的两周，我面对部分学生开展了调查，与科任老师进行了沟通，对临时班委会的工作情况进行了全面摸底。了解得知，两位原任班长学习好、关心集体、遵守纪律、具有较强的自我约束能力，但文静腼腆、工作被动、不敢大胆管理。教室吵闹，班长管不住，气得捂住耳朵，只管自己学习。一些责任心强的学生通过写纸条、谈心等方式告诉了我他们的隐忧。

三周过去了，组建完善新班委会的工作还没着落，我考察了班里的每

第16问 班级凝聚力不强,怎么办?

一位学生,并和科任老师交换了意见,虽然没有最佳人选,但也初步确定了几位。

经过一周的宣传和学生慎重考虑,班干部选举如期举行。选举结束,没想到一直不被老师们看好的郭诚竟以32票(全班41人)列全体候选人之首。虽然我已有心理准备,但这个结果还是出乎我的意料,毕竟在以往班主任、科任老师心里,他是一位不被看好的学生:学习成绩不突出,上课不能专心听讲,不可能带领全班搞好学习。经过斟酌,我没有当即宣布结果。放学后,我将郭诚留下谈心。我们从班级现状谈到了班委会选举,然后我询问了他的想法,开诚布公地告诉了他选举结果。我本想他可能会惊异,没想到他自豪地说:"我选的也是自己。我相信,我能行!"看他这么自信,我心里仅存的顾忌也就此打消了,我打算在今后的班委会工作中一步步扶他前行。

新的集体核心形成了,对于郭诚这样一个连普通班干部都没做过的学生,一下子让他做班长,我的心里充满了担心。因此我教给了他工作方法,告诉他班长的工作标准,要求他每周汇报一次工作,提醒班上其他同学监督并帮助他展开工作。

两周很快过去了,我通过班上学生和科任老师了解了班长的工作情况。学生反映:"我们对郭诚的工作很满意。"自他担任班长后,他整个人都变了,上课调皮、睡觉的现象没有了,旁若无人大声说话的现象没有了,作业不再拖沓了,而且在两周内他还主动组织了一次班干部会议,专门研究了纪律和值日等事宜。两周时间里,本班无一次迟到现象发生,他还多次带头劳动,在本班的卫生值周中,带领劳动委员天天将厕所打扫得干净彻底,博得了全校师生的好评。甚至连教他们道德与法治的原任班主任也连续几次在我面前夸奖郭诚,她感叹道:"想不到郭诚还有这样的变化。两年时间里,我竟然没有发现他有这样的领导才能!"

随着与学生的日渐熟悉,我对郭诚有了更深的认识。他热情大方,慷慨助人,又活泼乐观,待人诚恳,所以在同学们当中拥有很好的人缘。其实也正是这一点使他既能跟学习优秀生和睦相处,又能和学习困难生打成一片。正是因为以上优势,他才在学生中享有威望,并不断创造出令师生刮目相看的成绩。

短暂的一学期即将过去，几个月的风雨同舟，郭诚在师生的帮助下不断进步，尽管在中途的班级管理中也曾出现过畏难退缩等情绪，但都在我的帮助下得以冰释。现在的他已经远不是过去那个邋遢懒散的学生了。他不仅得到了师生的认可，更重要的是培养了自信自律能力和组织管理能力。他带领下的九年级（8）班班风优良，成绩进步明显。期中考试班级成绩与其他五个班的差距缩小，纪律卫生评比多次拿到了先进奖牌，在学校组织的篮球比赛、乒乓球比赛及元旦庆祝活动中集体热情也空前高涨。学生在集体活动中取得的优异成绩，正激励着全班朝全校优秀班级迈进。

郭诚在我的辛勤培养下，发生了翻天覆地的变化。也许在以成绩论英雄的中考中，他不是佼佼者，但我相信有了这一年的锻炼磨砺，在未来的人生道路中，他一定是一个事业有成、能开创一片天地的成功人士。

在郭诚的成功蜕变与班级积极转变上，我们可以看到，通过充分发挥每个学生的独特优势，让他们都能在班级事务中找到自己的价值与定位，同学们之间的交流与互动将愈发频繁，关系也会更加紧密。学生们会自然而然地形成强烈的集体荣誉感，面对班级问题时，也会更主动地承担起自己的责任，携手共进。

 反思

班级凝聚力不强，教师可以多组织一些集体活动，比如户外拓展、文艺比赛等，让大家在共同完成任务的过程中增进感情；也要多关心学生的生活和情感，多组织一些班级内部的交流会，让大家有机会表达自己的心声。同时，鼓励学生多参与班级管理和决策，让他们感受到自己是班级的一分子。

第 17 问

班级奖惩措施失效，怎么办？

班级管理是学校教育的重要组成部分，而奖惩制度则是班级管理的重要手段之一。科学合理的奖惩制度可以激励学生积极向上，培养良好的行为习惯，提高学习效率，形成良好的班风和学风。本文将通过几个典型事例，探讨教师如何有效地对学生实施奖惩措施。

一、积分制激励，全面提升学生综合素质

在某个班级，班主任张老师实施了积分制奖惩制度。该制度将学生的日常表现、学习成绩和参与活动的情况量化为积分。积分分为基础分和奖励分，基础分根据学生的日常表现和学习成绩评定，奖励分则根据学生的突出表现和参与活动的情况给予。

例如，每天按时到校、佩戴校徽、完成作业的学生可以获得基础分；而在课堂上积极回答问题、参加学校活动并取得好成绩的学生则可以获得额外的奖励分。每个月末，班级会根据积分排名评选出"学习之星""纪律之星""劳动之星"等，并给予一定的物质奖励和精神鼓励。

这种积分制奖惩制度有效地激发了学生的积极性和竞争意识。学生在各个方面都努力表现，争取获得更高的积分。班级的整体学习氛围和纪律状况得到了显著改善。

二、奖励多样化，激发学生内在动力

在另一个班级，李老师注重奖励的多样化，不仅仅局限于物质奖励。她发现，学生对于精神奖励同样重视。因此，她设立了多种形式的奖励，如"表扬信""荣誉证书""'班级之星'奖牌"等。

例如，每当有学生在学习上取得显著进步或在某项活动中表现突出时，李老师会亲自写一封表扬信，并在班级大会上宣读。同时，她还会颁发荣誉证书和奖牌，以示鼓励。这些精神奖励不仅让学生感受到了老师的认可和重视，也增强了他们的自信心和自尊心。

此外，李老师还鼓励学生之间互相表扬和鼓励。每周，她会让同学们互相推荐表现突出的同学，并在班级日志中记录下来。这种方式不仅促进了同学之间的友谊，也让学生在相互学习和竞争中不断进步。

三、惩罚有温度，引导学生自我反思

在实施奖惩制度时，惩罚也是必不可少的一部分。但如何让惩罚既有教育意义又不伤害学生的自尊心呢？王老师在这方面做了有益的尝试。

例如，有一次几个学生在课堂上打闹被老师发现，王老师并没有立即批评他们，而是让他们写下自己的行为对班级和其他同学的影响，并让他们提出改进措施。在接下来的几天里，王老师密切关注这几个学生的表现，并适时给予指导和帮助。

这种有温度的惩罚方式，让学生在反思自己的行为的同时，也感受到了老师的关爱和期望。他们不仅改正了错误，还在以后的学习和生活中更加注意自己的行为举止。

四、家校合作，共同参与学生奖惩的实施

学生的成长离不开家庭的支持和配合。在某个班级，班主任赵老师积极与家长沟通合作，让家长共同参与学生奖惩制度的实施。

例如，每当学生在学校表现突出或取得好成绩时，赵老师会及时通过电

话或短信告知家长，并与家长共同商讨奖励方式。同时，对于学生在学校表现不佳的情况，赵老师也会与家长沟通，共同分析原因并制订改进措施。

这种家校合作的奖惩方式，不仅让家长更加了解孩子在学校的情况，也增强了家长对孩子教育的参与感和责任感。家长和老师的共同努力，使得学生在学习和行为方面都得到了更好的引导和帮助。

五、灵活调整奖惩制度，适应学生发展需求

学生的成长是一个动态的过程，奖惩制度也需要根据学生的实际情况和发展需求进行灵活调整。在某个班级，班主任刘老师根据学生的反馈和实际情况，不断完善和调整奖惩制度。

例如，在实施积分制奖惩制度的过程中，刘老师发现有些学生在某些方面表现突出，但由于积分设置不合理而无法得到充分的奖励。于是，她及时调整了积分设置，增加了相应的奖励项目。同时，对于一些惩罚措施，她也根据学生的接受程度和实际效果进行了调整，使其更加合理和有效。

这种灵活调整奖惩制度的方式，不仅体现了老师对学生的关心和尊重，也使得奖惩制度更加科学合理，更能满足学生的发展需求。

班级有效地实施奖惩制度需要综合考虑多方面因素。教师通过积分制激励、奖励多样化、惩罚有温度、家校合作和灵活调整奖惩制度等方式，可以激发学生的积极性和竞争意识，引导他们养成良好的行为习惯，提高学习效率，形成良好的班风和学风。同时，教师在实施奖惩制度时也要注重人文关怀和教育意义，让学生在奖惩中感受到关爱，健康成长。

第 18 问

班级实行量化管理效果不佳，怎么办？

 话题

量化管理是一种科学的管理方法，通过将各种行为和表现转化为具体的分数来进行评价和激励。在班级管理中，量化管理能够有效地促进学生全面发展，营造积极向上的班级氛围。

班级量化管理的成功实践

很多年前，我就在班级管理中引入了量化积分制度，取得了显著的效果。这一制度不仅提高了学生的自律性和积极性，还增强了班级的凝聚力和向心力。

一、背景与动机

我发现，传统的班级管理模式往往事倍功半，班主任若事无巨细、一手包揽，不仅工作繁重，而且效果不佳。在受到积分制度的启发后，我决定在班级管理中引入量化积分制度，通过积分来激励和引导学生，形成良好的班风、学风。

二、具体措施

1.制订合理的积分细则。我依据学校政教处的量化管理细则，制订了适合本班的积分量化评价细则。每位同学一学期基本分为100分，涵盖学习、出勤、纪律、卫生、仪表、竞赛或比赛等六个方面。具体加减分标准如下：

学习方面：作业完成情况、学习进退步情况等。不完成作业 1 次扣 1 分；固定周期内学习进步加 1 分，学习退步扣 1 分。

出勤方面：上课、自习、两操、活动等出勤情况。上课、自习迟到 1 次扣 1 分，两操、活动缺勤 1 次扣 3 分。

纪律方面：上课纪律、活动纪律、考试纪律等。不遵守上课纪律、活动纪律 1 次扣 2 分，不遵守考试纪律 1 次扣 5 分。

卫生方面：依据学校的检查结果。获得学校表扬 1 次，值日同学每人加 2 分；受到学校通报批评 1 次，值日同学每人扣 2 分。

仪表方面：染头发、佩戴首饰、穿拖鞋、未穿校服、未佩戴胸卡等，以上行为发现 1 次扣 2 分。

竞赛、比赛方面：校内竞赛、比赛获奖 1 次加 3 分；校外省级以下竞赛、比赛获奖 1 次加 5 分，未获奖参加 1 次加 1 分；省级及以上竞赛、比赛获奖 1 次加 10 分，未获奖参加 1 次加 3 分。

2. 成立班委会，全面负责积分管理。班委会成员负责日常积分的记录和监督，每周公布积分情况，确保积分过程的公开、公正、透明。班主任则负责统筹和最终审核。

3. 将积分与评优挂钩。积分不仅作为学生评优评先的依据，还与期末综合素质评价、家访或家长会挂钩。积分高的学生在评选优秀学生、优秀班团干部等方面优先考虑。

三、实施效果

通过量化积分制度的实施，我所带班级的学生在思想、行为、纪律等方面都有了显著进步。具体表现如下：

学习积极性提高：学生作业完成质量明显提升，考试成绩也有显著进步。

纪律意识增强：课堂纪律和集会纪律明显改善，违纪现象明显减少。

卫生习惯改善：教室和公共区域的卫生状况得到显著改善。

集体荣誉感增强：学生积极参与班级和学校组织的各项活动，班级凝聚力显著增强。

四、经验与启示

以上案例的成功实践为我们提供了以下几点经验与启示：

科学制订积分细则：积分细则要具体，涵盖学生日常行为的各个方面，确保评价的全面性和公正性。

充分发挥班委会的作用：班委会是量化管理的重要力量，要充分调动班委会成员的积极性，确保积分过程的公开、公正、透明。

将积分与评优挂钩：积分不仅要作为学生评优评先的依据，还要与期末综合素质评价、家访或家长会挂钩，形成有效的激励机制。

持续改进：量化管理是一个动态的过程，要根据实际情况不断调整和完善积分细则，确保管理效果的持续提升。

班级量化管理是一种科学、有效的管理方法，能够促进学生的全面发展，营造积极向上的班级氛围。通过科学制订积分细则、充分发挥班委会的作用、将积分与评优挂钩以及持续改进等措施，我们可以实现班级管理的科学化、规范化和精细化，为学生的成长创造良好的环境。

第 19 问

班里排座位总出现矛盾，怎么办？

 话题

班里排座位，有时候会出现以下情况：学生或家长对座位安排不满意，认为自己的孩子被安排在了不利的位置；座位调整频繁，但总是难以满足所有人的需求，导致学生和家长抱怨不断；座位安排可能引发学生之间的矛盾，如因争夺好位置而产生争执；部分学生对座位变化感到不适应，影响学习状态和心情；班主任在排座位时面临压力，难以做出让所有学生都满意的决定。这些矛盾需要班主任细心观察和沟通，寻找合理的解决方案。

班主任怎样做好学生座位的安排？

一、讲究男女搭配，为学生安排合适的同桌和邻座

初中生天真、好奇、贪玩、好动，自控力较差。男生与男生同桌，就会为其偷玩提供方便；女生与女生同桌，又为其窃窃私语创造了条件。再加上现在班额大，人数多，这些不足就愈加明显。这都不利于他们在课堂和自习上的学习，不利于学生的健康发展。我觉得在安排座位时应为学生安排合适的同桌和邻座。中学生争强好胜，爱表现自己，更不愿意让异性同学瞧不起自己。男女生同桌，不仅可以避免学生做小动作，防止出现窃窃私语的现象，还可以激发学生的好胜心和表现力，形成比学赶超、力争上游的良好学风。

二、体现互助原则，使优等生与后进生同桌

在一个班集体中，优等生学习成绩优异，是因为他们有良好的学习习惯和行为习惯。他们的优秀表现可为后进生树立表率，使后进生的一些不良行为有所收敛，同时他们也可以及时帮助解决后进生在学习中碰到的疑难问题，为后进生排忧解难。优等生在帮助他人的同时，更为自己增添了一份成功的体验和喜悦。优等生与后进生同桌，能互惠互利，何乐而不为呢？

三、注重表率作用，使优等生前后左右均匀分布

学生在学习中，难免会碰到一些疑难问题。后进生可以向优等生询问请教。而优等生呢？问老师，有时没那么方便；问同桌，又往往难以得到答案。为此，我们安排座位时，应尽量使优等生均匀分布，前后能够连起来，为他们互相商讨疑难问题创造便利条件。

四、注意学生搭配，使班团干部遍布于各处

使学生相互搭配，组建以四人为宜的学习小组，便于开展小组活动，使每一个学生都参与到活动中，发挥各自的优势，感受集体的智慧和成功的喜悦。使班团干部遍布于各处，可以充分发挥他们的模范带头作用和管理能力，让学生处处有榜样可学，时时受人督促，也让一些贪玩、好说、好动的学生最大限度地受到制约、督促，改掉不良习惯，形成良好学风和班风。

五、考虑动静搭配，照顾特殊学生

动静搭配可以避免外向型学生或内向型学生集中在一起，避免小组活动中冷场或过于活跃现象的发生，保证活动在和谐有序的氛围中进行。将视力差的学生安排得稍前一点，使贪玩、好动者避免同座，把性格内向者安排在性格外向者身旁，这样既照顾了特殊学生，又体现了教师对学生的人文关怀。

六、适时加以调整，避免经常变动

使精心编排的座位相对稳定地持续半学期到一学期，以增进小组内同学的合作与友谊。另外，可以适当地把调座位作为惩戒不守纪律者的手段。可将极少部分调皮捣蛋者从前面调到后面，或从后面调到前面，将他们放在一个与其身高不协调的环境中，使其通过环境认识、改正自己的不足。当然，此法不宜频繁使用，调整后的座位也不宜持续过久。否则，在人多的大教室内，后排就可能成为捣蛋者的天下，如果监管不周，后果不堪设想。

以上几点是我在多年班主任工作中的发现与体会。在较好环境的影响下，一些中后游学生在优等生的带动下，取得了巨大的进步。我觉得，只要我们细心观察，用心思考，积极学习，我们一定会兴利除弊，建设一个团结互助、积极向上的班集体；只要我们全身心地投入到我们的事业中，我们的爱心就一定会让学生幼小的心灵开花、结果。让我们携起手来，共同探讨，互相学习，使我们的学生茁壮成长，使我们的教育日臻完善。

班里排座位出现矛盾时，班主任可以先听听学生的意见和想法，了解他们的需求和困扰。然后，可以试着采用轮换制度，让学生都有机会坐到不同的位置，这样也能减少矛盾。同时，班主任也要公平公正地处理，不能偏袒任何一方。还可以引导学生多关注学习，不要把精力过多地放在座位问题上。相信通过多方面的沟通和协调，一定能找到一个让大家都满意的解决方案。

第三节　班主任与学生交往策略

第 20 问

班主任掌握不好与学生交往的尺度，怎么办？

 话题

班主任在与学生交往时，如何把握适当的交往尺度，是一个值得深思的问题。如果这一尺度掌握不好，可能会对师生关系产生负面影响。过于严厉的态度可能导致学生感到压迫，产生抵触情绪，进而影响他们的学习积极性和心理健康；而过于随意的交往又可能使班主任失去威信，导致学生对课堂纪律不尊重，影响整体的学习氛围。这样的矛盾使得班主任在日常管理中面临着巨大的挑战：如何在关心和纪律之间找到平衡？若处理不当，既可能造成学生的疏远与叛逆，也可能导致班级的管理混乱。面对这样的局面，班主任需要不断反思与调整，才能建立和谐的师生关系，促进学生的健康成长。

把握好以学生为本的尺度

我们在班上经常碰到一些特殊的学生，当班主任批评他不尊重别人的劳

第20问 班主任掌握不好与学生交往的尺度，怎么办？

动时，或当班主任批评他上课不认真听讲时，他会突然发起火来。为什么他们会对班主任出言不逊？为什么如此没礼貌？我们应该怎样面对和解决这样的事情？中学时期的学生正处在青春期，他们有自己的思想，想脱离束缚可是又无法摆脱，就出现一种"叛逆心理"。教育是班主任与学生的对话，是班主任教书育人、学生身心发展的一个过程。这就决定了班主任在完成教书育人使命的同时要处理好师生关系。我从以下几点谈谈自己的看法。

在生活中，班主任要与学生保持平等的对话关系。班主任的言行举止可能会对学生产生深远影响。首先要平等对待学生，在生活中要把学生当成自己的朋友。初中生可能会遇到情感上的问题，我们不能简单地训斥他们，既然问题出现了，就要正确地面对。有一天，我教的一个男生悄悄地给我说他喜欢上了班上的一个女生，我没有大声地训斥，因为我知道训斥是没有用的。我首先感谢了他对我的信任，然后跟他谈了关于恋爱会给学习造成什么样的影响，以及恋爱需要什么条件，我们应该怎样面对恋爱这一话题等等。我告诉这个男生，作为男子汉要勇于担当，大胆地畅想一下，长久地恋爱需要具备什么条件。通过交流，这个男生对恋爱有了一个理性的认识，所以他并没有陷入情感的旋涡，反而奋发努力学习。现在这个男生顺利地考进了高中，我相信他的明天会更好，并且会记得曾经有位班主任在情感问题上给予了他正确的引导。

在学习过程中，班主任也要与学生平等对话。教学是教学相长的过程，课堂上我们与学生之间的关系也应该平等。我们在教学中不应总是"唯我独尊"，以为自己的观点最正确、最权威，不同意别人的见解。我们如果这样，就很容易挫伤学生学习的积极性，甚至抹杀他们的创新能力，学生也会对班主任产生抵触心理。当然，如果在答案唯一的情况下，自己说错了答案，也要勇于改正，不要为了自己的面子让学生记住一个错误的答案，一个错误的答案可能会影响学生的一生。

对待学生要"爱与严格要求"相结合。班主任要爱自己的学生，这毋庸置疑，但爱的方式却不得不引起我们的思考。班主任对学生的爱应该是尊重、关心与严格要求的统一，有人称这种爱为"教育爱"。爱学生，是班主任合格的底线,并且一定要将尊重、关心与严格要求有机地结合在一起,把握好尺度,以实现事半功倍的效果。每天想着怎样把学生的成绩提高到一个什么样的高度,一味地严格要求学生,很容易使自己变成所谓的专制班主任。严厉真的有效吗?真的能达到自己想要的结果吗?那还真不一定。以我班的两个学生为例,他们有两首诗不会背,我就罚他们每人把每首诗抄10遍;但是一周过去了还没抄完,我就说如果不写完我就告诉家长;他俩都说会背了,不想抄了,我说惩罚就是惩罚,会背了也得抄。但事后反思,如果他们已经会背了,目的不也达到了吗?专制型的班主任真能让学生心服口服,让学生喜欢吗?但是再想想什么是惩罚,如果像这样会背了就不抄了,以后还怎样树立威信?在班级管理中,我对学生常常采用"打一巴掌给个甜枣"的策略,让学生知道批评他是为他好,耐心教导他也是希望他提高。

我总结出教书育人的"一个中心、四个基本点",即跟学生相处要以"以人为本"为中心,以"平等、尊重、关心与严格要求"为基本点。因为只有严格要求而没有平等、尊重与关心,那不是真正的爱;只有平等、尊重、关心而没有严格要求的爱是溺爱;只有关心、严格要求而没有尊重和平等的爱是扭曲的爱。有了平等才能让学生愿意跟你交流,有了尊重才能让学生身心健康,有了关心与严格要求才能让学生健康快乐地成长,但是这些所有的前提都是"以人为本"。

反思

始终以尊重的态度对待学生,同时表现出对他们的关心和支持,但避免过度亲密。坚持职业操守,明确师生之间的界限,确保不越界,维护教育环境的专业性。对待所有学生一视同仁,避免偏袒或歧视,确保每个学生都感受到公正和平等。耐心倾听学生的想法,努力理解他们的立场,但避免代替他们做决定。鼓励学生自主思考和解决问题,而不是试图控制他们的每一个行动。

第 21 问
难以走进学生心灵，怎么办？

一个班级，其实就是缩小版的社会，想要在管理上游刃有余，则需要班主任用心经营。然而，如今的学生有一定的独立性，自尊心逐渐增强，叛逆抗拒心理不断增强，内心世界不轻易向别人敞开。因此，老师们常常会这样感慨和担忧：现在的学生越来越难教了，现在的班主任不好当啊！面对这种情况，班主任如何走进学生的内心世界，深入了解他们呢？

沟通，打开学生心灵的钥匙

著名教育家魏书生说过："心灵的大门不容易叩开，可是一旦叩开了，走入学生的心灵世界，就会发现那是一个广阔而迷人的新天地，许多不得其解的教育难题都会在那里找到答案。"

张老师是一位年轻的班主任。在一次英语课上，她发现平时积极活跃的小刚这几天总是无精打采，而且上课频繁走神。张老师决定找小刚了解情况。

小刚来到办公室后，显得有些紧张。张老师微笑着说："小刚，别紧张，老师就是想和你聊聊天。最近怎么了？感觉你状态不太好呢。"小刚犹豫了一下，说："老师，我没事。"张老师看出小刚有所隐瞒，便说："小刚，老师很关心你，有什么问题说出来，我们一起想办法解决。"小刚沉默了一会儿，终于鼓起勇气说："老师，我不想参加学校的足球队训练了。"张老师很惊讶，因为小刚一直很热爱足球。她问:"为什么呢?你不是很喜欢足球吗?"小刚说:"最近训练强度太大了,我觉得很累,而且学习时间也被占用了,我担心成绩会下降。"

张老师理解小刚的担忧,她说:"小刚,老师明白你的感受。足球训练确实很辛苦,你也要合理安排时间,不能因为训练而影响学习。你可以和教练沟通一下,调整一下训练强度。同时,老师也会帮助你在学习上赶上进度。"小刚听了,眼睛一亮,说:"老师,真的吗?我还以为你会批评我呢。"张老师笑着说:"怎么会呢?老师知道你是个有上进心的孩子,只是遇到了一些困难,我们一起想办法解决就好啦。"

从那以后,小刚重新找回了对足球的热爱,同时也更加努力地学习。在一次班级活动中,小刚主动找到张老师,说:"老师,谢谢您!我现在知道了,只要勇敢面对问题,就一定能找到解决办法。"张老师看着小刚充满自信的笑容,感到无比欣慰。

这个案例告诉我们,当学生出现问题时,班主任要善于倾听学生的心声,理解他们的困惑和担忧,给予他们正确的引导和支持,这样才能走进学生的心灵,帮助他们健康成长。

 **反思**

苏霍姆林斯基说过:"教育,首先是关怀备至、深思熟虑、小心翼翼地去触及幼小的心灵。在这里,谁有耐心和细心,谁就能取得成功。"让我们通过饱含爱心、耐心和细心的沟通去打动学生的心弦,使校园不只是学生学习的场所,更是师生交流的乐园、学生精神的家园。这是我们教育追求的一种至高境界!

第 22 问
班主任不知如何批评学生，怎么办？

在班级管理中，批评学生是班主任职责的一部分，但如何有效地进行批评却常常让许多教师感到困惑。面对学生的不当行为，班主任需要找到合适的方法，以确保批评能够起到积极的引导作用，而不是引发学生的逆反情绪。

班主任批评学生的艺术

"现在学生教育管理难"不是学校管理问题，也不是学生素质问题，而是教师不适应当今教育改革的问题，是教师教育教学的管理艺术问题。教师要不断学习管理艺术，更好地做好班级管理工作。

一、以理服人，善于攻心

著名教育家马卡连柯认为，合理的批评不仅是合法的，也是必要的。但批评可不是"声色俱厉"，而是"以理服人，善于攻心"。

1. 应先了解情况，后进行批评教育

只有了解学生，才能教育学生，才能批评学生，这是班主任批评教育学生的前提。要尊重学生，用理性来说服他们。教师批评教育学生时，学生可能会据理力争，但教师应保持冷静，不轻易动怒，而是通过摆事实、讲道理来让学生认识到自己的错误。要知道此时学生表面不在乎，实际内心是敏感和痛苦的。

2.批评教育学生时切忌讽刺、挖苦和体罚

"良言一句三冬暖,恶语伤人六月寒。"即使学生再气人,教师也应避免使用讽刺、挖苦的语言,否则,他会怨恨你、跟你敌对。批评教育时,体罚或变相体罚是坚决不可的,只会产生负面效果。

3.文明教育,避免粗暴

教师要使用文明语言教育学生,避免粗暴。在批评之后,教师还应该对学生的优点给予适当的肯定或表扬,以鼓励学生积极改正错误。

二、因人而异,因事而异

1.掌握批评的场合和时机

如果学生的错误具有代表性,公开批评可以对全班同学起到教育作用,起到"敲警钟"的效果。学生犯了错误,教师应迅速发现并及时给予批评教育,切不可等错误累积到一定程度才采取措施。

2.要多鼓励,少批评

实际上,教师应多鼓励,少批评,因为好孩子是"夸"出来的。在批评的同时,也要注意发现学生的"闪光点"。

三、方式多样,深浅有度

批评教育学生没有固定的模式,但要考虑用什么方式最有效。

1.幽默风趣式

使用幽默的语言批评学生,比直截了当地批评更能为人所接受。例如,有一次要上课了,我听见吵吵闹闹,推门一看,见两个女生正在吵架。我当时很生气,想批评她们一顿,又担心影响正常教学,于是装作不知道,幽默地问道:"稻花香里说丰年,下一句是什么?"学生情不自禁地说出"听取蛙声一片"。

2.和风细雨式

通过私下的促膝谈心、谈话批评,避免在众人面前对学生的直接批评,减少学生产生逆反心理和对抗意识。在谈话中,教师应表情自然、态度温和、富有人情味,说理充分、语言确切、恰如其分,不夸大、不讽刺、不挖苦、不护短,虽然不声色俱厉,却能触及心灵。

3. 缓冲降温式

这种方式最适用于激动型或暴躁型学生。师生双方或一方在气头上的时候,切忌"高温作业",最好是"退一步海阔天空"。待"冷却"后,在融洽的气氛中,心平气和地交换意见,达到好的教育效果。"顶牛""闹翻""对峙"的现象,在批评教育中时有发生,这时缓冲降温是"良药秘方",不然,"对抗"升级,必将出现难以收拾的局面。

4. 课堂暗示法

有少数学生在课堂上犯错误,比如思想开小差、小声讲话、做小动作等,这时切不可马上让学生站起来,因为批评会耽误课堂时间。教师可以通过眼色、神情、手势、敲击、停顿、声音高低,提醒学生意识到自己的不良言行。在暗示中,让学生心领神会,接受批评,纠正错误,达到"此时无声胜有声"的功效。

总之,批评不是目的,只是一种教育手段。教师只有充分把握学生心理,讲究批评艺术,批评才能行之有效。

反思

在教育实践中,班主任面对学生的错误行为时如何进行有效的批评,是一个需要深思的问题。批评前必须深入了解学生的情况和背景,确保批评基于对学生的全面了解。同时,尊重学生是批评的前提,只有当学生感受到被尊重时,他们才更容易接受批评。班主任在批评学生时,应该将上述原则内化于心,外化于行,通过不断学习和实践,提高自己的教育教学管理水平,从而更有效地促进学生的全面发展。

第 23 问

老师遇到学生挑衅，怎么办？

近日，一则"学生挑衅老师，老师怒气难遏而殴打学生"的新闻引发社会关注。某学校一名六年级学生逃体育课，遭到体育老师殴打，面部肿胀淤青。老师称"学生骂人挑衅在先，自己一时冲动酿错"，在监控视频画面中，老师拽着学生的衣领，学生摔倒在地，双膝跪倒。看罢，让人感触颇深。一方面，视频中的这位老师的确不该如此作为；另一方面，不少老师也心有余悸，因为自己有时候也会被班上的这些孩子气得不行。老师们，你们被学生挑衅过吗？当被"熊孩子"挑衅时，你怎么办？

化解学生挑衅的五种方法

实际工作中，我们许多老师都遇到过学生的误解、示威和挑战。对于这类挑衅事件，老师如果解决得好，不但能"化险为夷"，还能提高自己的声望，巩固自己的地位；如果相反，则会陷入尴尬的境地，导致自己下不了台，甚至会让挑衅升级。对于学生的挑衅，首先，我们要摆正心态，承认学生个体差异的存在，即使我们把工作做得非常"完美"了，但要想让每一名学生都满意，那也是一件非常困难的事。其次，平日里我们一定要加强学习，提高自身素质和修养，用自身的人格魅力赢得学生的尊重。再者，当意想不到的"挑战"来临时，我们要稳定心态，沉着"应战"，因人而异，选准策略，掌握分寸，有理有节，争取变被动为主动，化干戈为玉帛。以下是我化解学生挑衅的五种方法。

一、提前"防疫"法

学生对老师"不敬"，既有学生的原因，有时也有教师自身的原因。对此，我们一定要打好"防疫针"，做到提前预防。平日里一定要尊重学生的人格，尊重学生的隐私，把学生当成朋友，将心比心，动之以情，晓之以理，用自己的爱心换取学生的真心，与学生平等对话，妥善处理好师生关系，增强相互理解和信任。同时吸取以往的经验教训，有许多班主任坚持每月召开一次专题班会，让学生用无名书信的方式对班主任提意见，对班级工作提意见。这一招，不仅能让我们的工作有的放矢，永远处在主动状态，同时还能把师生矛盾消灭在萌芽状态，从而避免冲突事件的发生。

二、负荆请罪法

当面对学生的不理解或挑衅时，教师不妨先"委屈"自己，在学生面前低一下头。如："人非圣贤，孰能无过？我承认许多地方做得不够完美，对于工作中的失误我向全体同学道歉。常言道，教学相长嘛，我也是咱们班级大家庭的一员，你们的意见对我、对我们整个班级都帮助巨大，我欢迎同学们采用更好的方式给我提意见，帮助我改进工作，提高我们班级的成绩。"这样就把自己置身于班级大家庭中，转化矛盾的主体，不但丢不了自己的面子，相反还会赢得学生的尊重。

三、金蝉脱壳法

当学生出言不逊时，教师一定要冷静，要克制自己，要反应敏捷，赶紧想出对策，让自己安然"着陆"。如："对某某同学大胆'谏言'的品质，我非常赞赏。大家都知道电视剧《宰相刘罗锅》中有一奸臣，对，就是和珅，他只会溜须拍马，哄皇帝开心。而刘墉恰恰相反，敢于直言进谏，成了人人敬仰的好官。我看，某某同学就是第二个'刘墉'。"一段幽默的话语，顿时化解了师生剑拔弩张的紧张氛围,在轻松愉悦的心情下,双方都会袒露心声,真诚相待。

四、移花接木法

俗话说,退一步海阔天空。遇到偏激的学生,我们不妨说:"既然你讨厌我,就把你讨厌我的理由用书信写下来,明天交给我好吗?"学生写意见时,火气早已烟消云散,说不定还会写出我们的很多优点呢。这样,我们就巧妙脱身,避免了过激言语对双方的伤害。同时,也给了我们足够的时间,思索问题的最佳处理办法。

五、舆论批评法

俗话说,邪不压正。只要我们行得端坐得正,一身正气,问心无愧,当学生无理取闹或故意刁难时,我们就不能一味地退步和忍让,要有"亮剑"精神,做到"该出手时就出手"。针对学生的性格特点,采取合理的批评方法,力求"温而不厉,威而不猛",情理交融,有理有据,有力有度,使其心悦诚服。同时,我们可以采用让学生当"评委"的办法,动用全体学生的力量,对其错误行为进行"口诛笔伐",使其乖乖就范,改正错误。

面对学生公然挑衅老师,可以来个"先礼后兵",如果双方都克制一下自己的脾气,闹剧也就不会发生了。面对学生的挑衅,愤怒的反击往往解决不了问题。老师需要更多的智慧去应对,与学生进行更多的交流,走进学生的心里,才能让师生关系更加融洽地发展。与此同时,家长们也应该积极配合老师的教育工作,社会更应该给予教师群体支持与包容,老师非完人,老师也会有情绪,对老师多一份理解与包容,孩子的成长也能够多一点明媚的阳光。

第 24 问
班主任面对情绪失控的学生，怎么办？

在课堂管理中，班主任经常会遇到情绪失控的学生，这一情况不仅影响了课堂秩序，还可能对其他同学造成困扰。面对这样的挑战，教师需要具备一定的应对策略，以有效引导和处理学生情绪问题。首先，理解情绪失控的背后可能是学生的心理压力、家庭问题或人际关系的困扰，因此，班主任应保持冷静，倾听学生的心声，给予他们支持与理解。其次，教师可以采用一些情绪调节技巧，帮助学生识别和管理自己的情绪，培养他们的情绪智力。此外，营造一种安全、包容的班级氛围，让学生感受到被尊重和关心，有助于预防学生情绪失控的发生。通过这些有效的应对措施，班主任不仅能帮助学生处理当前的情绪问题，还能促进他们的心理健康和成长。

有效化解学生不良情绪

在日常教育教学中，我们经常会遇到这样一些情况：学生为了一点儿小事，却闹得不可开交；为了一些无关紧要的事情，争个没完没了……这就是部分学生所表现出来的不良情绪。这种情绪不仅对学生的心理健康不利，还会影响到他们的健康成长。因此，培养学生必要的情绪调控能力就显得尤为重要了。我个人认为班主任应该承担以下几个方面的职责。

一、尊重学生,创造一个平等、和谐的环境

在培养学生情绪调控能力的过程中,班主任扮演着一个极其重要的角色。我们应该摒弃陈旧的教育观念,尊重学生,建立平等、和谐的师生关系,营造理解、宽容、和谐的氛围,有目的地帮助学生实现情绪的宣泄。

传统观念很注重师道尊严,学生宣泄自己不满的情绪时,老师往往不能理解并宽容对待;尤其当学生情绪发泄较为频繁时,我们就更加难以忍受,往往就会以自己的身份去压制学生,这就使得学生的情绪无法发泄,长期累积可能会造成更大的爆发。这样下去,会使学生的情绪发展走向消极的一面。那么,作为一名班主任,我们该如何去面对这个问题呢?

我们应该想办法成为学生的朋友,成为学生的倾诉对象和忠实听众。当学生情绪低落时,陪伴他,倾听他的烦恼,只有这样才可能取得学生的信任,建立和谐、融洽的师生关系。也只有在此基础上的教育引导,学生才易于接受,从而使他们的情绪向积极的方向发展。

二、时刻注意观察,给予学生恰当的引导

班主任应该具备敏锐的观察力,能时刻洞察学生的情绪变化,并根据不同情况给予恰当的引导,帮助学生及时摆脱消极情绪。这就需要我们做一个有心人,不断观察、记录并总结经验,以应对不同情况。

例如,有一次,我发现班上一名学生在一段时间内脾气暴躁,思想非常偏激,觉得班里的同学个个不好,稍有意见不合就会大声责骂,最终使他自己非常孤独,人也变得非常消沉。了解情况后,我多次找他谈话,引导他思考这种行为的后果;鼓励他要善于发现他人的优点;告诉他与人相处贵在真诚,应尊重他人的人格、习惯,不要把自己的意志强加于人;同时,建议他在想发脾气时尽量忍耐3分钟。此外,我也鼓励其他同学主动与他沟通,多邀请他一起参加活动,如参加集体劳动、打球等,增加他与其他同学交往的机会,一步步引导他与同学正确交往,最终摆脱不良情绪的影响。

三、营造环境，树立榜样

一个团结、活泼向上的班集体，不仅能给学生提供一个快乐的学习环境，还能让他们感受到老师的关心爱护，从而使他们心情愉快，产生积极向上的情绪。这样的环境也为学生处理消极情绪提供了条件，对学生正视情绪、理解情绪和处理情绪产生潜移默化的影响，这是培养学生情绪调控能力的前提。

我们可以为学生寻找一个学习的同伴，因为同伴对学生有较强的吸引力和感染力，易于被学生接受和模仿。也可以通过一些游戏来培养学生的协调能力及自我约束能力，让学生从中体验积极情绪和发泄消极情绪，有助于学生的正向发展。

四、为学生传授方法

学生对自己的情绪缺乏认识，也不会去探究情绪的好与坏，因此，班主任应该帮助学生学习以恰当的方式表达自己的情绪，并教给学生一些具体的情绪表达和管理方法。如：

自我暗示：当与同学争吵或想动手时，可反复暗示自己"千万别动手，要冷静"。长期坚持，可帮助缓解紧张的情绪，也能遏制自己的冲动，避免不良的后果。

学会放松：当感觉过分紧张、烦恼、恐惧时，可采用深呼吸的方法放松自己，即深深地吸气，慢慢地呼气，使自己放松。

学会转移：当与同学发生矛盾，火气上涌时，有意识地转移话题或做点别的事情来分散注意力，便可使情绪得到缓解。如打球、散步、听音乐等都是不错的方法。

学会宣泄：当遇到不愉快的事情或感到委屈时，不要压抑在心里，可以向知心朋友或老师诉说，或者通过大哭一场来释放情感。这种发泄可以释放内心郁积的不良情绪，有益于保持身心健康，但发泄的对象、场合和方法要适当，避免伤害别人。

情绪是每个人都会有的，成年人通常可以有效地控制情绪，但偶尔也有失控的时候，更何况我们的学生，他们尚未成熟，对情绪的理解和控制能力还在发展中。因此，作为教育者，培养学生良好的情绪调控能力，帮助学生健康成长，是我们的责任。

 反思

面对情绪失控的学生，作为班主任，我认识到了自己在处理学生情绪问题时所承担的重要责任。通过这次经历，我深刻体会到，尊重学生、创造一个平等和谐的环境是帮助学生有效化解不良情绪的基础。我需要改变传统的教育观念，更多地从学生的角度出发，理解他们的感受，为他们提供一个可以自由表达情绪的空间。

第 25 问

学生当众顶撞老师，怎么办？

 话题

作为班主任，经常会遇到一些十分难管的学生，他们因为一个小小的理由就会当众顶撞教师，稍遇到批评他们就觉得无法承受。虽然我也尝试着对他们进行教育、引导，但效果总不理想。因此，探讨原因并研究对策很有必要，这关系到我们的教育如何培养全面发展的人。这一问题的解决，要靠学校、家庭、社会等多个方面的共同努力。

巧妙处理师生冲撞

从事班主任工作已经 13 年了，13 年中我目送四届毕业生渐行渐远，踏上新的征程，深感做班主任的不容易，尤其是做毕业班的班主任更不容易。这四届初中毕业生中，我也曾遇到学生对老师不尊敬的行为，包括课堂捣乱、当面顶撞、背后谩骂老师等。班主任作为学生最直接的管理者，更容易遭到学生的"不敬"，这种事情如果处理不好，小则会对学生、家长、班主任造成不良的后果，大则会影响到学校的声誉。因此，在处理学生的"不敬"行为时，我建议大家注意以下几点。

一、学会冷处理

当学生顶撞老师的事件发生时，作为班主任，不激动、不发火是不可能

的。但在遇到这种情况时,我们必须头脑冷静,必须知道自己的冲动可能带来的后果,要冷静处理,谨慎处理。学生出言不逊时,情绪较为激动,这时,不宜对学生做思想工作,应先进行冷处理,不理睬他,让他冷静下来、自我反省;等他情绪稳定之后,再指出他存在的问题,这时学生更容易接受老师的批评教育。我曾经就遇到过这样一个学生,有一次,他没有完成家庭作业,我质问他,可是这个学生一副满不在乎的表情。"我就是不想写,你能把我怎么样?"这个学生当着全班同学的面大声地说着。看到他那副表情,我顿时火冒三丈,但是考虑到这是在课堂上,又是当着全班同学的面,我还是忍住了,笑着对他说:"你不做作业,我不能把你怎么样,但你得考虑这样做对你会有什么样的后果,你自己想吧!"说完我继续上课。课下,同学们非常反感他的做法,都纷纷指责批评他,这个学生也意识到了自己的错误,但是不好意思向我认错。第二天,他交上来了家庭作业,并且把前一天没有写的也补上了,还在作业的末尾写了一句道歉的话:"老师我错了,对不起,我不该顶撞你,从今以后我再也不这样做了。"看了他的留言,我也给他写了几句:"知错能改就是好学生。好孩子,老师相信你一定能够说到做到。"从那以后,这个孩子只要有疑问,就写在作业本上,我也给他回复,我和这个孩子的交流沟通就从留言开始。这个孩子把我当作知心朋友,学习也进步很多,毕业考试的时候他考到了理想的高中,离开学校的一刻,这个孩子深深地给我鞠了一躬,说:"谢谢老师。"

二、学会静观其变

有些班主任在顶撞事件发生后,急于解决,或找学生家长"告状",或到学校政教处寻求解决的办法。其实这种做法有些欠妥,因为在顶撞事件发生后,大多数学生的心理会很敏感,很脆弱,此时如果再找家长和学校去刺激他,激发他的叛逆情绪,就很容易激化矛盾。所以,在事件发生后,先不要急于采取行动,而是要冷静,静下心来思考。想一想为什么会发生顶撞事件,自己在处理问题的过程中有哪些不足。如果自己能够解决,就不要找家长、学校。应对突发事件能体现班主任的自控能力和应变能力,如果班主任动不动就找家长或学校"告状",学生就会反感,这样班主任工作就会非常被动。

三、深入调查原因

每个学生都很清楚要尊敬师长,因此,在一般情况下,只要发生学生对老师的顶撞行为,其背后必有理由,我们在处理"不敬"事件时,应深入调查、了解,分析学生为什么会顶撞老师。这学期我就遇到这样一个学生,他的学习成绩一般,也很调皮。由于父母经常打麻将,孩子没有一个良好的学习环境,加上父母经常由于钱而吵架,有时候就会找孩子出气,家庭的影响使他的心灵受到很大的创伤。一天上课,他心不在焉,我就叫他起来回答问题,他站起来大声说:"我不会!"我说:"不会,怎么还理直气壮的?"他说:"不会就是不会,干吗不叫那些会的人!"当时他就和我较上劲,我很生气,觉得他无理取闹,但事后回想他一连串的表现,意识到他顶撞老师只是表面,他的内心深处是不愿意这样做的。于是课后找他谈话,谈话过程中我没有责备他的"不敬",而是从内心深处了解他顶撞我的原因。看到我和颜悦色,并没有要批评他的意思,他低下了头,流下了眼泪。我这才意识到,这中间必定另有隐情,我让他把心中所有的委屈都说出来,在表示理解的同时又及时指出他的不足,他非常愉快地接受了我的教育并诚恳地表示歉意,变得爽快了很多。课后,我深入这个孩子的家里,和家长进行了一次长谈,家长也意识到他们的做法给孩子带来的伤害,从那以后这个孩子每天都能以积极饱满的状态来对待学习。

四、学会真诚对待

有时,学生的顶撞事件发生后,班主任怕把事情扩大,刻意地掩饰自己的感情,不能心平气和地解决问题,这种态度是不可取的。"不敬"事件或多或少都会在老师和学生的心中留下阴影,如果不真心实意地去解决问题,不仅会影响学生的身心健康,老师的身心健康也会受到伤害。当顶撞事件已经发生，老师应当放下架子，用真诚的态度检讨自己。如果学生的"不敬"是因老师而起，应勇于承担责任；如果主要原因在学生，我们也要有宽宏的气量，努力寻找适合教育他的方法，要以一颗朋友的心、真诚的心去对待学生，以心换心，让学生心服口服。

 反思

  面对学生顶撞老师的情况，老师应该保持冷静，了解原因，并采取相应的解决措施。同时，老师也应该注重与学生的沟通和交流，努力建立良好的师生关系，从而有效地预防此类问题的发生。

第 26 问
规范管理与学生个性发展出现矛盾，怎么办？

规范管理和学生个性发展之间的矛盾是一个值得探讨的话题。一方面，规范管理可以确保班级的秩序和纪律，为学生提供良好的学习环境；另一方面，过度强调规范可能会限制学生的个性发展，影响他们的创造力和创新精神。

我们的班规我们做主

新的一学期开始了，第一周的班会课上，为了让学生讨论、制订出我班的班规，我在黑板上写下班会的标题"我的班规我做主"，并向学生提出了一个问题："同学们对班会的标题有异议吗？"学生一开始还有点不知所措，但经过讨论，很快就有同学发表了自己的意见。

学生李越说："顾老师，我认为'我的班规'提法不妥当，班规怎么可以看成是我的或你的呢？应该是大家的。因为今天我们要制订的班规是属于全班同学的，一旦制订出来，就意味着我们全班每一个同学都必须严格遵守。"

学习委员张彤补充道："那就把标题改为'我们的班规我们做主'。"

"说得太好了！"我欣喜地称赞，"看来同学们都把制订班规当作自己的事情对待。"我又说道："在制订班规之前，大家先学习一下我们国家的《中华人民共和国教育法》和《中小学生守则》以及我们学校的规章制度。希望同学们认真领会相关的法律法规和学校规章制度的内容，因为我们的班规绝不能与这些内容相抵触，我们的班规应该更好地体现法律法规和学校规章制度的精神。"

学生陈桓说："顾老师，既然国家法律法规和学校规章制度都有了规定，那我们为什么还要自己来制订班规呢？这岂不是多此一举吗？"

我解释道："虽然国家法律法规和学校规章制度对我们的日常行为要求都有明文规定，但我们还需要针对我们班级的规定，根据我们班级的实际情况制订出反映我们班级特点和个性的行为规范。所以，我们的班规要出自我们在座同学的智慧。"

看到同学们都理解了制订班规的意义，我便将全班同学分成四个小组，并把预先准备好的关于班规的资料（《中华人民共和国教育法》《中小学生守则》和《武威十中规范手册》中的有关内容）分发给他们学习，一边发动大家在学习的过程中自由地讨论，一边要求同学们用红笔画出适合我们班级情况的内容来。面对这些他们日常并不熟悉的法律条文、行为规范和制度性规定，同学们都显得特别认真。他们积极地讨论着，还不时地向我提出一些问题。

我看到正式制订班规的时机已经成熟，便示意由各小组组长宣读讨论的结果。第一组同学公布的内容偏重《中小学生守则》中的规定；第二组同学公布的内容则反映了《中华人民共和国教育法》中有关学生在校期间的义务性规定；第三组同学公布的内容更多地来自学校规章制度中关于优秀班集体建设的规定；而第四组同学公布的内容显然比较好，全面地兼顾了上述三方面的内容。

我分别对四个小组公布的讨论结果进行了讲评，并要求同学们将这些整理出来的内容用自己的语言再加以修改和调整，然后耐心地征求大家的意见，并让全班同学以举手表决的方式对每一项规定进行确认。最后，我将大家意见统一的十项规定书写在黑板上，要求同学们对照着作进一步的推敲和斟酌。

学生王馨说："顾老师，我觉得这十条规定都比较符合我们班级的实际情况，是切实可行的。但最好在顺序排列上再做些调整。"

第26问 规范管理与学生个性发展出现矛盾,怎么办?

学生杜莉说:"我觉得光有这些规定还不够,还应该制订出对违规者如何处罚的内容,这样的班规才会具有真正的约束力。否则,制订出来的班规起不了什么作用,很可能会出现老师还是凭着自己的意志和情绪对违规者随意处罚的情况。"

纪律委员周卿说:"是的,我认为应该加入如何处罚违规者的内容。我建议对违规者的处罚可分为从轻处罚和从重处罚两种:凡是从轻处罚的就要求违规者从当天起随值日生一起参加班级的卫生劳动,时间为一周;凡是从重处罚的就要求违规者除随值日生参加一周卫生劳动外,还要当着全班同学的面作出书面检查,并通知自己的家长以后每天放学时赶到学校接自己,增加做家务的时间。"

我接着同学们的讨论,说道:"三位同学的意见都非常好,很有创意,特别是这些意见为班规的执行提供了具体的做法,这样可以大大增强班规的执行力。但我还是要告诫大家,班规光有严厉的规定而不考虑实施中的可能性,到头来反而会削弱班规的作用。"

同学们对于我的论述听得非常认真,全班几乎所有的学生都在积极地思考着。

班长胡晓雯说:"顾老师,我认为'通知家长每天放学时赶到学校把同学领回'的提议有些不妥当。因为万一家长有事来不了,这就会造成班规在执行中不了了之,最后导致班规形同虚设。"

学生李清说:"那我们可以事先对全班同学的家庭做一个情况调查,凡是家长接受这条规定的,我们就照此规定执行;如果有些同学的父母实在做不到,我们再另行规定不好吗?"

学生齐之伟立刻发表了他的反对意见:"班规必须体现'法律面前人人平等'的原则。既然是班规,那就应该是全班每一个人都必须严格遵守的行为准则,怎么可以在班规中作出只针对一部分同学的规定呢?"

卫生委员祁宏说:"我也坚决反对任何针对部分同学的规定。大家必须明白一个道理,班规是我们全班同学的班规,是我们班级所有同学的行为准则,决不能使班规只对一部分人管用。大家说,对不对?"

同学们的一声长长的"对——"伴随着热烈的鼓掌，使得整个班会气氛达到了高潮。

此刻，我也情不自禁地鼓着掌。我欣喜之余，立刻将"违规者的处罚分为：（1）从轻处罚，违规者从当天起随值日生一起参加卫生劳动，时间为一周；（2）从重处罚，违规者除从当天起随值日生参加一周卫生劳动外，还要在全班同学面前作出书面检查。"的内容写到了黑板上，接着让同学们用举手表决的方式来决定这则规定是否通过，绝大多数同学都举手赞成。通过大家的积极努力，本次班会实现了预期的目标——同学们有了属于自己的班规。

这堂班会课使学生"自我管理"的思想在实践中得到了明显的提升。

反思

遇到规范管理和学生个性发展相矛盾时，班主任可以试着在两者之间找到平衡。规范管理是为了维护班级秩序，而个性发展也很重要。班主任可以多和学生沟通，了解他们的想法和需求，在制订规范时考虑学生的实际情况。同时，可以鼓励学生参加课外活动，展示他们的个性和才华。这样既能保证班级的秩序，又能让学生充分发展自己的个性。

第四节　班主任自我调适

第 27 问

班主任职责"无疆界"与精力有限发生矛盾，怎么办？

话题

三年前我担任一个有60名学生的班级的班主任，每天第一个到校，最后一个离开学校。学生的早自习纪律、室内值日、包干区的清扫等每一项工作都是在我的亲自督促下完成的，我每天就像陀螺不停地转，回到家时已是筋疲力尽。有一次我外出学习，回来后同事反映我班的学生乱成了一团，下课不遵守纪律，在楼道内大声地喧哗；值日不认真，包干区没有打扫完……为此我感到困惑：是不是我们班主任事必躬亲，太勤快了，自己筋疲力尽，还事倍功半？当班主任职责"无疆界"与精力有限发生矛盾，怎么办？

做一个聪明的"懒"班主任

现今社会教师的压力越来越大，尤其是班主任，要担当的角色也越来越

多。班主任既是一名任课教师，又是班级的管理者，教育教学都不能懈怠。特别是低年级的班主任，工作细小而又繁杂，事无巨细，事必躬亲。班主任感到劳心劳力、心力交瘁，却常常事与愿违。有些班主任看起来样样做得让人称道，但其实是日日如履薄冰，疲惫不堪，付出了常人所不知的代价。叶圣陶的"教是为了不教"、魏书生的"管是为了不管"给了我启示：在班级管理中，班主任不妨自己"懒"一点，留给学生更多的空间，充分发挥他们的聪明才智。

新时代的班主任必须从繁重的工作中寻找一条自我减负的捷径，在工作中学会"偷懒"，做一个有智慧的"懒"班主任。有句话说得好："勤妈妈养个懒儿子，懒娘支使勤孩子。"可见，"懒"并不一定是一件坏事。不过，班主任的"懒"是一种管理的智慧，我们只有学会"懒"，才会让学生的能力发展达到最大化，才会让学生有自我管理的空间。当然，这个"懒"字是有讲究的，要在该"懒"处"懒"，该出手时就出手。必要的指导，必要的约束，必要的规范，一样也不能少。班主任要做的是给学生自我施展的空间和机会，给学生自我管理、自我约束的锻炼，从而培养学生独立的人格。学会做一个聪明的"懒"班主任，不要事必躬亲，而要充分发挥学生的主观能动性，让学生自我管理、自我约束、自我改进。做个聪明的"懒"班主任，契合新课改的主旋律，符合素质教育的要求。

一、日常管理中学会"偷懒"

班主任在班级管理中不仅仅是管理者，更是合作者、引导者、参与者，只要是学生能做的事，班主任就不要去做，要调动每一个学生的积极性，让学生投入到班级管理中，使人人有事做，事事有人做，实现学生的自我约束、自我管理。

班级的日常管理和运作，应该以班干部为主，因为他们在班里的时间比班主任要多，对班级情况掌握更全面，对每个学生的具体情况也最清楚。同样，班干部是否优秀也是班级是否能取得优胜的直接因素。由此看来，班干部的选用尤显重要。而班干部的核心是班长和团支部书记，要想使班长和团

第27问 班主任职责"无疆界"与精力有限发生矛盾,怎么办?

支部书记充分发挥其作用,在班级学生中有号召力和影响力,就一定要由学生信得过、学生自己推选出来的人来担任。因为,学生自己推选出来的班干部,说话有分量,办事也就有力度。反之,教师直接任命的班长和团支部书记,在学生面前说话的说服力、做事的执行力等都会大打折扣。

班委会实行"包干"负责制,各司其职,负责班级的学习、纪律、体育、卫生等工作;团支部负责思想教育、宣传工作等。有了分工明确的班干部队伍,班级大小事务以及学校组织的各种活动都有专人负责,班主任只需适时引导,给出指导性建议。

二、学生犯错时,学会"懒"处理

传统教育提倡"三勤":腿勤——勤往班里走;眼勤——多往班里看;嘴勤——多对学生说。随着信息化时代的发展,现在的学生和教师之间的观念差距越来越大,玩手机、早恋等行为为广大教师所不容;贪玩、不爱学习、纪律性观念差、自我约束能力差等行为举止令教师困扰。于是,传统观念强的教师把这一切看在眼里,急在心上,"三勤"便有了用武之地,教师对问题学生苦口婆心地做工作,可是效果往往适得其反。于是乎,"三勤"教师的耐心渐渐消去,对问题学生怒目相向,更激发学生的叛逆心理,使学生在错误的道路上越走越远。

班主任要学"懒惰"一点,不要一见到学生的缺点就劈头盖脸、喋喋不休地批评,有时要假装看不到,给予学生足够的面子和改正的空间;有时要看到却不处理,让学生产生愧疚心理,自我反省;即使对待屡次犯错的学生,也应学会耐心地倾听和引导,引导学生把实情说出来,学生在诉说的同时也在反思自己,教师可以因势利导,问题也就迎刃而解了。所以处理学生问题时,教师最好不评论,但只要一开口,就要击中要害,说到问题的根处,点到问题的妙处。

三、充分利用各种教育力量

不要等到学生犯错时才与家长联系,平时应多与家长沟通、交流,让家长了解班主任管理班级的理念,得到家长的认同,才能得到家长的支持和配合。例如,在对学生进行行为规范教育的过程中,确定班级严格的请假制度,如有病或有事必须有家长签字的请假条;如果有请假的学生,及时跟家长联系,既证明学生请假的真实性,同时也使家长和学生感觉到老师的关心。与科任教师的密切联系与配合也十分重要,班主任不可能每天、每节课都坐班,所以要经常向科任教师了解班级学生的上课状态、作业等情况,发现问题及时做好学生这方面的思想工作。

每周一次的班会课,我都放手交给班委,让他们根据班级最近的状况确定班会主题。如我班有一段时间学生集体意识淡薄,同学关系不太和谐,所以他们确定了"让班级因我而更加美好"的班会主题;有一阵子学生晚自习后玩手机情况较严重,上课瞌睡,因此,他们举行了"中学生应如何合理使用手机"主题班会;他们还举行过"我最想对父母说的一句话""我心目中的理想班风"等各种内容的主题班会。因为所选主题切合学生心理,所以教育效果特别好。每一次的班会都异彩纷呈,我只是坐在后面倾听。很多责任心强、有较强的组织管理能力的学生,更希望获得我们的信任,我们的信任能激发起学生最大的潜能,学生会给我们一个又一个的惊喜。

俗话说:"懒妈妈,勤孩子;勤妈妈,懒孩子。"做一名聪明的"懒"班主任,学生才会更勤劳,更能干!

 反思

班主任的职责并非"无疆界",而是需要有明确的界线。不能什么事情都亲自去做,而应该让学生自己去尝试,去实践。这样,不仅可以减轻工作负担,也可以培养学生的独立能力和责任感。班主任需要充分利用各种教育力量,家长、科任教师、班干部等都是班主任的合作伙伴,应该与他们保持良好的沟通和合作,共同为学生的成长提供支持。

第 28 问

班主任出现职业倦怠，怎么办？

作为一名班主任，随着工作年限的增加，我逐渐感受到一种难以忽视的职业倦怠感。每天在班级管理、家校沟通和学生心理辅导中忙碌穿梭，虽然我依旧尽心尽力，但疲惫感却越来越明显。有时我会思考，是否是自己对工作的高要求让我陷入了这种状态？班主任工作是琐碎且繁重的，长期处于高强度和高压力中，个人的精力和情绪很容易被消耗殆尽。面对这种困境，我开始感到迷茫，不知道该如何调整自我，从而避免让这种倦怠感影响到学生。职业倦怠带来的不仅仅是身体上的疲惫，更是心理上的负担，我该如何才能重新找到职业的动力与热情？

克服职业倦怠，提升教师职业幸福感

教师的职业倦怠，源于长期疲劳、压力大以及缺乏成就感和自我效能感，表现为工作不开心，感到生活没意思，认为自己的工作得不到认可，充满压力感、疲惫感、挫败感、厌倦感……教师职业倦怠是一种危害性极强的"病毒"。如果处理得当，或许能够找到人生的新方向，将危机化为转机，还能将转机变为再一次成长的契机。那么，如何克服教师职业倦怠呢？我认为可以从以下几个方面努力。

一、保持一颗平常心

有的教师具有远大的教育理想和饱满的工作热情,有比较高的目标。一旦工作停滞不前,或者工作压力加大,很容易产生职业倦怠。一个人的时间、精力和能力有限,不是人人都可以攀登珠穆朗玛峰的。教师需要量力而行,正视自己的能力、水平、精力、时间,对自己的要求要适度,不要过高,恰当评价自己的工作,对自己不要求全责备。顺境时,心态平和;逆境中,心态冷静。时时保持一颗平常心。

二、重新燃起激情之火

要克服职业倦怠,就必须重新燃起激情之火。教育需要激情,因为教育是心灵的对话,是心心相印的活动,是以心激心、以情激情的活动。激情,使教育富有感召力、震撼力,使教育增添光彩,也使教师焕发青春,精神抖擞。于漪说:"激情是教师必不可少的素质。"美国学者威伍在《激情,成就一个教师》中说过:"想要教好的教师可能在大多数情况下都是志向更高和激情奔放的。伟大至少一部分出自天赋,这是无法传播的。然而,伟大的教师一定是激情的教师。"这种激情指对生命的热烈拥抱,对世界的强烈热爱,对梦想的执着追求,对一切未知不屈不挠地追问。"感人心者,莫先乎情。"教师找到激情,克服职业倦怠就轻而易举了。

三、不断提升自己的专业水平,取得新的成绩,获得新的成就感

这是克服职业倦怠的良方。自己的专业水平不断提高,从一个高度跃向一个新的高度,工作得到领导的器重、同事的赞扬、学生的认可、家长的肯定,就会获得新的成就感,就会更加兴致勃勃地投入到工作中去,投入到研究中去,从而进一步提高专业水平。这样形成了良性循环,职业倦怠自然就烟消云散了。

四、丰富自己的生活,提高生活质量

教育的本质是让受教育者享受幸福,追求幸福,而从事教育的教师就应

该首先享受幸福，成为幸福的人。我们总过多地要求教师做"蜡烛"，做"火炬"，燃烧自己，照亮别人，实在过于悲凉。老师"鞠躬尽瘁，死而后已"，往往牺牲了自己的时间，牺牲了自己的健康，甚至牺牲了自己的家庭。成年累月奋战在教育第一线，一遇到特殊情况，自然会产生倦怠感。要改变这种状况，教师应该在紧张之余听听音乐，跳跳舞，参加体育锻炼，节假日同家人外出旅游，丰富自己的生活，用幸福塑造幸福，用美好引导美好。

五、不断创新

有的老师工作五年、十年，拿到了相应的职称，觉得教材吃透了，教法掌握了，于是按部就班，心甘情愿地不断重复，产生了"年年月月花相似"的感觉，职业倦怠自然而然就应运而生了。其实教育是永远年轻的事业，教育的每一天都是一首隽永美丽、动人心魄的诗；教育的每一天都是让人憧憬、引人不懈拼搏的梦。教师要相信孩子们的心灵是蔚蓝的、浩瀚的，孩子们就像含苞待放的花朵，每一天都在成长。具有这种观念的教师会有强烈的使命感、责任感，就会不断创新，即使是教过几遍的教材，也要重新思考，重新备课。富有创新精神的教师相信太阳每天都是新的，会谱写出崭新的教育乐章。

六、给自己的心灵放假，给自己一定的休闲

职业倦怠令人心力交瘁、倍感痛苦，是导致某些教师的职业生命不能健康、和谐发展的罪魁祸首。为此，我们不能连年累月地"眼睛一睁，忙到熄灯"。人如果过于紧张，过于疲劳，就会影响身心健康。教师的工作越来越为社会所重视，越来越为家长所重视。家长对教师的要求越来越高，教师的压力越来越大，这是不争的事实。教师要善于做到劳逸结合，有张有弛，给自己一定的休闲。比如：上完课后不要急于伏案工作，可以闭目养神，什么也不想，什么也不做，彻底休息十分钟；一周内，找个适当时机，给心灵放一会儿假。这样做有利于调整心态，安抚心灵，缓解压力。

七、要宽容，广交友

教育之路不会永远一马平川，路上不会永远艳阳高照、掌声雷动，优秀教师取得成绩后，有时会遇到讽刺、挖苦，甚至无中生有的诽谤等情况，这对职业倦怠无疑是火上浇油。怎么办？要宽容，要大度。最好能做到化干戈为玉帛，相逢一笑泯恩仇。还可以交几个知心朋友，促膝谈心，倾心相助，互相鼓励，遇到不顺心的事情，敞开心扉，向朋友倾诉烦恼苦闷。这样心灵的天空就会雨过天晴。

总之，学校让教师有幸福感是实现教育本质的需要，也是教育的最高目标；教师有幸福感也是构建和谐社会的迫切需求，教师自己也要达到把教育当作幸福工作的境界。高尚、崇高只是一种来自外界的评价，而幸福是行为主体的内在体验，是职业发展的坚实基础和永恒的活力。因此，我们要通过多种途径来培养、形成健康幸福的心态：一种平常的心态，一种感恩的心态，一种爱工作爱学生的心态，一种没有嫉妒和抱怨的心态。这样做了，教师的幸福感一定能够得到提升。只有教师幸福了，学生才会幸福。

 反思

我们需要认识到教师职业倦怠的严重性及其对教育质量、学生发展以及教师个人健康的潜在负面影响。教师的职业倦怠不仅影响教师本身的工作表现和生活质量，还可能影响到学生的学习效果和心理健康。因此，寻找有效的策略来克服职业倦怠并提升教师的职业幸福感显得尤为重要。

第 29 问

班主任心理压力太大，怎么办？

班主任负责管理学生在学校期间的日常生活，工作压力大、工作强度高、工作任务重，很多人都不愿意当班主任。是啊，压力太大了，如果不能及时、有效地缓解，累积到一定程度，就可能出现激烈的爆发，受害的或许是学生，或许是班主任自己。

班主任心理压力的挑战与应对策略

我从三个角度，给各位班主任分析解压之道，供老师们参考。

一、没有十全十美的学生，只有陪孩子成长的老师

1. 享受教育的过程

班主任工作压力过大，最主要的原因是过于看重教育结果而忽略了享受教育的过程，当教育没有达到自己预期的结果时，就会出现挫败感。学生的成长是一个渐变的过程，任何急功近利的想法和做法都是不切实际的。作为班主任，我们要善于从成长变化的角度看待学生、教育学生，把自己的教育隐藏于无形的生活细节中，潜移默化地改变学生，而不是出了问题立刻就要扭转局面，就要见到效果。

2. 把自己看作学生成长的陪伴者

班主任如果只把自己看作班级的管理者，一旦班级发展出现问题或没有达到自己制订的短期目标，就容易产生急躁情绪，如埋怨学生不配合、不争气，对违纪学生大加斥责，看见学习成绩不佳的学生就心烦气躁。相反，如果班主任把自己看作是帮助学生成长的人，就会把注意力转移到长期目标的实现上，始终保持积极稳定的情绪，陪伴学生经历其成长过程；就会把学生出现的问题看作是他们成长过程中不可或缺的经历，心态平和地与学生一起面对。

3. 切莫要求学生尽善尽美

作为班主任，如果一味地要求学生尽善尽美，就会出现班级目标过高和对学生求全责备等问题；就会总盯着学生的缺点，看学生不顺眼；就会动不动拿自己、自己的班级、自己的学生与其他老师、其他班级、其他学生比较，越比越沮丧，越比越"恨铁不成钢"。其实，真正的好强，不应该表现为一味要求学生各方面做得完美，而应该表现在班主任不断战胜自己、更好地引导学生健康成长上。

二、以平常心面对学生，莫把班级荣誉看得太重

1. 莫把班级荣誉看得太重

有时，无论我们如何努力，仍可能遇到不如意的情况，班主任应该客观地对待这些问题。例如，有的学校对班级的每一项工作都进行量化考核，定期公布评比结果。当自己班级的量化结果不好甚至受到批评时，班主任的压力可想而知。另外，班级成绩排名，活动的名次、成绩等，也会给班主任带来很大压力。这就要求我们班主任认识到：要根据班级实际情况客观地看待班级荣誉。只要我们全力以赴，不断反思，不断改进，最终就会取得好的结果。另外，问题的发生虽然会带来不良影响，但也给我们提供了学习的机会，每一次问题的解决都是获得经验、提升水平的机会。

2. 教育的力量不是无限的

我的同事曾为班内一个学生打架被学校给予严重警告处分而陷入深深

的自责之中，视其为自己教育的失败。长期的心理压抑严重损害了他的身心健康，他的问题就在于不能接受失败而导致压力过大。教育的力量不是无限的，而"爱"的力量也并非总如我们所希望的那样强大。当我们对特定的学生个体已经尽最大努力进行教育却仍无法取得效果时，与其陷入无意义的自责之中，不如坦诚面对，吸取教训，着眼未来，努力寻找更合适的教育方式。

3. 以平常心面对工作压力

最大的压力莫过于自我施压。当前，随着生活节奏的加快，人们感到压力越来越大，工作有压力已成为常态。所以，教育工作者没必要怨天尤人，而应以平常心面对现实，学会放松心情，放缓脚步；学会休闲浪漫，舒缓绷紧的神经；学会调整情绪，让自己冷静下来。班主任对工作有足够的心理预期，便不会对繁杂的工作产生抵触情绪。

三、放手让学生参与班级管理，让各项事务井井有条

1. 让事务性工作井然有序

如果班级事务混乱无序，哪里乱了整哪里，班主任会很被动，一旦发生突发事件，压力和烦恼会急剧增加。相反，如果工作井然有序，我们就能从日常琐事中抽身，总结一天的工作，从而避免焦虑。班主任可以准备一本台历，每天提前十五分钟到校，写下任务清单，把当天要做的事按时间及重要程度顺序排列，下班前进行小结，检查完成情况。这样，班级工作就会有条不紊地进行，班主任的情绪也会比较稳定。

2. 不必事事都做到亲力亲为

班主任产生不良情绪，很大程度上是由班级事务繁多而疲于应付造成的。当一项任务或一个通知来了，班主任应先评估其重要性，确定此事是不是必须亲自处理，如果不是，那就放手鼓励学生参与。在建立完善的班级制度的基础上，让学生参与班级管理，班主任不要事事亲力亲为，只需做出相应的指导，既可以适当减轻自身的压力，也能让学生获得成长的机会，更能使班级管理程序化、规范化。

3. 及时储存"中和剂"

当学生不听话，冒犯或顶撞你时，你可能会非常生气；当学生问候、帮助、赞美你时，你会感到心情愉悦。如果让后者成为前者的"中和剂"，你心中的怒火就会逐渐平息，从而更宽容地对待学生的淘气，将训斥变为关怀。我有一个习惯，就是用"师生日记"记下我和学生的故事，我会删除那些令人生气的事件，但对于那些感动的瞬间，我会一一记录下来。有一次，当我劝导学生时，学生不服气，说了不好的话，我心中的气恼之火刚要燃起，忽然回想起他给我写过的那句赞美语，于是我提醒自己这是他无意中的冲动，他自己肯定也后悔。当我用宽容的眼神看着他时，他脸红了，意识到了自己的错误。

 反思

在面对班主任工作带来的压力时，从上述三个角度进行解压是至关重要的。首先，教师要调整自己对教育成果的期望和认识，享受教育过程本身，而不是仅仅关注结果。其次，将自己视为学生成长道路上的陪伴者，而非单纯的管理者，有助于缓解因短期目标未达成而产生的挫败感和急躁情绪。同时，避免对学生提出过高的、不切实际的要求，接受他们的不完美，有利于保持平和的教育心态。

第 30 问
班主任工作得不到学生认同,怎么办?

 话题

作为一名班主任,我时常感到自己的辛勤付出并未得到学生的充分理解和认同。无论是课堂上的严格管理,还是生活中的关怀付出,学生似乎很少能感受到我背后的用心。尤其是在面对部分学生的抵触情绪时,我陷入了困惑:我的初衷是为了他们的成长和进步,但他们却认为我过于严厉、缺乏亲和力。这不禁让我反思,我的沟通方式和教育策略是否存在问题?如何在坚持原则的同时,赢得学生的理解与支持,建立起更为融洽的师生关系,成了我亟须解决的问题。

运用好"三个善于",做学生喜爱的班主任

从教十多年,担任了十多年的班主任,有欢笑也有泪水,有经验也有教训。时间长了,感到作为班主任最郁闷的事莫过于:全身心地投入到工作中,班级情况良好,学生成绩也不错,但是得到的学生评价却不高,甚至被学生讨厌。

要想成为一个学生喜爱的班主任,我的主张是运用好"三个善于",即善于运用你的"耳朵",善于运用你的"口",善于运用你的"手"。

新时代班主任的必备素养——做有智慧的引路人

一、善于运用自己的"耳朵",做一个用心倾听的班主任

有研究表明,当学生感到伤心或受到伤害时,他最不想听的就是建议、大道理、心理分析或者别人的看法,那种谈话只会使学生感觉更糟。如果我们没有真正用心倾听学生,只是表面敷衍,他们就会感到失望,从而不再愿意与我们交心。如果我们是在真正用心地倾听学生,他们就比较容易向我们倾诉他们的问题。甚至不必说什么,往往学生所需要的只是那深表同情的沉默。

在和有消极情绪的学生谈话时,我通常一边全神贯注地倾听学生说话,一边用"噢""哦""嗯""我知道了"等来表示认同学生的感受。也许有人会问,这不是纵容吗?起初,我也担心这样会过分纵容学生,但是渐渐地我开始认识到,这种方式充其量只是情感上的纵容,并不等于行为上的纵容。用心倾听学生的倾诉,其核心是承认和接受他们的感受。当我们接受学生的感受时,他们也会更好地接受老师的要求。

二、善于运用自己的"口",正确使用表扬和批评

除了倾听学生的心声,我也经常表扬学生。有一次上课时,一位成绩一般的学生突然提问了,原来是他不会写某个字。周围的同学都笑他无知,课堂一下子就乱了。这时候,我对那个学生说:"'知之为知之,不知为不知,是知也。'你的学习态度是正确的,总比不懂装懂好,我喜欢诚实的学生。"然后,我又对全班说:"他的成绩虽然一般,但他也在学习,这说明咱们班的学风好,学习氛围浓,没有人愿意掉队。这样的班非常优秀,我很荣幸能成为你们的老师。"说完,全班同学高兴极了,热烈鼓掌,更加积极配合我开展教学活动。

我认为,表扬是一门很深的学问,值得认真研究的地方很多。表扬不能太空洞,不能只是评价,而要针对具体细节进行表扬。比如,描述看见的事情——"今天的教室黑板很干净哟!"(表扬做清洁的同学),而不说"你做

清洁很认真";或者描述感受——"今天真安静,我一走进教室就觉得心情舒畅!"(表扬同学们课前静息做得好)。描述性的表扬比空洞的表扬更有效果,更容易被学生接受。

在提出批评的时候,我一般保持温和的态度。之所以这样做,是因为听了一个"学困生"的建议。他告诉我,学生在老师生气的时候,不一定会害怕,因为他知道老师不能把他怎么样;相反,他会把老师生气看作一场表演,以观看表演的心态对待老师。我不想自己被学生当成小丑,于是尽量用温和的态度批评学生。

后来,我意识到,采取温和的态度也能让学生在接受批评的同时感受到老师的关怀,学生也就不那么抵触了。但是不能温和过头,让学生觉得老师的话根本不重要,否则温和的方式就失去了应有的效用。批评要说中要害,一语中的,不一定要委婉,尤其是对外向的或者自我感觉良好的学生。批评要帮助学生分析问题,使他明白正确的做法,避免重蹈覆辙。

三、善于运用自己的"手",将惩罚作为最后的手段

适当的惩罚是一种教育手段,也是一种爱的表达方式。有些老师虽然严格,但仍受到学生的爱戴,因为学生能体会到老师心中的爱,理解的过程也是心灵沟通的过程。我赞成惩罚,但一般都将惩罚作为最后的手段。我会使用一些替代惩罚的方法,比如:阐明自己的态度,表示强烈的不满(但不进行人身攻击);留给学生自我反思的时间和机会;让学生为班集体服务等等。虽然这些方法实施起来比惩罚要花费更多的时间和精力,但是这样做比直接惩罚所收到的效果更好。

班主任对学生的适当惩罚是必要的,但不能随意讽刺、挖苦、打骂学生,不能对学生进行侮辱性惩罚。我曾经让学生罚站一节课,等学生罚站之后,又带他们去吃冰棍。学生一边吃冰棍,一边夸我善良。我没说话,但心里想:其实是你们善良,只要老师对你们好,你们就不会抱怨老师的惩罚。

新时代班主任的必备素养——做有智慧的引路人

 反思

  在教育工作中,班主任的角色是至关重要的。然而,有时候尽管我们投入了大量的时间和精力,却可能得不到学生的认同和喜爱。这让我深思:如何成为一个受学生欢迎的班主任?通过多年的教学实践,我逐渐认识到,要想赢得学生的心,就必须运用好"三个善于"策略:善于倾听、善于表达和善于行动。

第二章　　学生管理

第一节　学生学习习惯的培养

第 31 问

班里总有学生抄袭作业，怎么办？

话题

班里学生抄作业是一个不容忽视的问题。抄作业不仅违反了学习原则，还损害了学生的自主学习能力和诚信品质。抄作业会导致学生对知识点掌握不牢固，影响学习效果。同时，这种行为也会在班级中营造不良的学习氛围，让其他学生产生侥幸心理，进而效仿。

以人为本，理性对待"抄袭者"

学生抄袭作业是一个长期困扰教育工作者的问题。尽管教育者不断努力，但这种现象在许多学校依然屡禁不止。我们将通过以下典型的案例，探讨老师应如何应对学生抄袭作业的问题。

上学期，一次偶然的机会，我发现班上几名学生交上来的作业惊人地相似。经过仔细比对，我确认这些作业是抄袭自网络上的答案。这几名学生平时成绩中等，作业完成得也比较快，但我一直觉得他们的作业质量时好时坏，缺乏独立思考的痕迹。这次事件让我意识到问题的严重性。经过深思熟虑，我采取了如下措施。

一、思想教育

我首先意识到，要解决抄袭问题，必须从学生的思想教育入手。我利用班会时间，组织了一次关于"诚实与责任"的讨论。我向学生讲述了抄袭作业的严重性和危害性，强调这是不道德的行为，不仅影响个人的学习进步，还会养成不诚实的习惯，危害未来的发展。我通过一些生动的例子，让学生明白只有通过自己的努力才能真正掌握知识。

二、改革教学方法

我反思了自己的教学方法，认识到单一的"题海战术"不仅加重了学生的负担，还促使他们选择抄袭来应付。我开始尝试新的教学方法，注重"精讲精练"，减少作业量，提高作业的质量和针对性。我在课堂上更多地采用互动式教学方法，激发学生的学习兴趣和积极性。例如，在讲解数学应用题时，我不再简单地给出题目和答案，而是引导学生通过小组讨论、实际操作等方式自己找到解题方法。

三、加强家校合作

我积极与家长沟通，希望得到家长的支持和配合。我通过家长会、微信群等，向家长说明了抄袭作业的严重性，并建议家长不要只关注孩子的作业完成量，而要更多地关注孩子的学习过程和作业质量。我建议家长在孩子做作业的时候，给予适当的指导和监督，但不要直接提供答案，要培养孩子独立思考的能力。

四、个性化作业设计

为了满足不同学生的学习需求，我开始尝试设计个性化作业。我根据学生的学习能力和兴趣,将作业分为基础型、提高型和拓展型三类。基础型作业主要是巩固课堂知识,适合学习有困难的学生;提高型作业有一定的难度,适合中等水平的学生;拓展型作业则注重培养学生的创新思维和实践能力,适合学有余力的学生。这样,每个学生都能在自己的能力范围内完成作业,削弱了抄袭的动机。

五、及时发现和纠正

我在日常教学中,加强了对学生作业的检查和反馈。我不仅关注作业的完成情况,更注重作业的质量和学生的思考过程。一旦发现抄袭现象,我会及时找学生进行谈话,了解抄袭的原因,并给予正确的引导和教育。我不会轻易批评学生,而是以鼓励和帮助为主,让学生感受到老师的关心和信任,从而自觉改正错误。

通过上述措施,我发现班上的抄袭作业现象明显减少,学生的学习积极性和作业质量都有所提高。学生在课堂上更加活跃,思维更加开阔,作业也更有个性和创新性。我深刻体会到,要解决学生抄袭作业的问题,需要老师从多个方面入手,既要教育学生树立正确的学习态度,又要改进教学方法,加强家校合作,为学生创造一个良好的学习环境。

反思

学生抄袭作业是一个复杂的问题,需要教师、家长、学生共同努力。只有通过多方面的措施,才能从根本上解决这一问题,让学生在诚实和努力中不断成长和进步。教师可以先找学生聊聊,了解他们为什么要抄作业,然后针对性地给予帮助和指导。同时,要明确告诉学生抄作业的危害性,让他们认识到这是不对的;也可以调整作业的难度和量,确保大多数学生都能独立完成。教师还可以多表扬那些独立完成作业的学生,树立榜样。

第 32 问
班里出现自暴自弃的学生，怎么办？

"自暴自弃"语出《孟子·离娄上》："自暴者，不可与有言也；自弃者，不可与有为也。"《现代汉语词典》的解释是"自己甘心落后，不求上进"。本文中的"自暴自弃"指的是中小学生在学习、人际交往等方面遇到困难，选择放弃学习、放弃与人交往的一种行为。凡是自暴自弃者，皆是因为遭遇了某种挫折与失败，对自己对未来失去了信心，觉得自己无论怎么努力，也无法改变现实，无法实现理想，于是自我放弃，自甘堕落，从而产生"破罐子破摔""当一天和尚撞一天钟"的得过且过的心理。对于自暴自弃的学生，情感温暖是首要的，更重要的是帮助其找到自我价值，让其感觉到自己是"有用之才"。

从"心"开始，不抛弃，不放弃

在教育过程中，学生的心理状态是影响其学习效果和成长发展的关键因素之一。面对自暴自弃的学生，教师不仅需要具备专业的教学技能，还需要有敏锐的洞察力和较强的心理辅导能力。本文将通过几个典型事例，探讨教师如何应对自暴自弃的学生，帮助他们重拾信心，走出困境。

一、激发学生的自信心

自信心是学生克服困难、实现目标的重要动力。当学生因为成绩不理想或其他原因自暴自弃时,教师的首要任务是帮助他们找回自信。

小明是班上一个成绩不太理想的学生,由于多次考试失利,他逐渐失去了对学习的兴趣,甚至开始自暴自弃。他不仅上课不认真听讲,作业也不按时完成。针对这种情况,老师并没有批评他,而是耐心地与他沟通,了解他的困惑和压力。

老师发现小明在绘画方面有天赋,于是鼓励他参加学校的绘画比赛,并为他提供专业的指导。在老师的帮助下,小明在比赛中获得了优异的成绩,这让他重新找回了自信。老师还经常在课堂上表扬小明的进步,鼓励他继续努力。通过这种方式,小明逐渐对学习产生了兴趣,成绩也有了明显的提升。

二、帮助学生设定小目标

帮助学生设定小目标,可以让他们看到进步的可能性,从而逐步建立自信,产生动力。

小红是一个家境贫困但很努力的学生,由于基础较差,成绩一直不理想。她因此感到心灰意冷,甚至有了放弃学习的念头。

老师了解情况后,与小红一起制订了详细的学习计划,将大目标分解成一个个小目标,例如,每周掌握一定数量的单词,每月提高某一科目的成绩等。在实现这些小目标的过程中,老师不断给予小红支持和鼓励,帮助她克服困难。随着小目标的不断实现,小红逐渐看到了自己的进步,自信心也增强了。她不再自暴自弃,而是更加努力地学习,最终在期末考试中取得了优异的成绩。

三、鼓励学生自我表达

鼓励学生表达自己的想法和感受,可以帮助他们释放压力,找到解决问题的方法。

小刚是一个性格内向的学生，由于家庭原因，他经常感到自卑和焦虑。在学习上，他遇到问题也不愿意向老师和同学求助，逐渐陷入了自暴自弃的状态。

老师发现小刚的问题后，主动找他谈心，鼓励他表达自己的想法和感受。在老师的耐心倾听和鼓励下，小刚逐渐打开了心扉，倾诉了自己的困惑和压力。老师根据小刚的情况，给予了他积极的反馈和建议，并鼓励他多与同学交流，参加集体活动。在老师和同学的帮助下，小刚逐渐变得开朗起来，学习成绩也有了明显的提高。

四、帮助学生重塑健康的生活方式

健康的生活方式可以帮助学生保持身体和精神上的健康，从而更好地应对学习和生活中的挑战。

小强是一个学习成绩很好的学生，但由于长期熬夜和不良的饮食习惯，他的身体逐渐出现了问题。这不仅影响了他的学习效果，也让他感到烦躁和不安，逐渐产生了自暴自弃的情绪。

老师发现小强的问题后，与他的家长一起制订了一份健康的生活计划，包括保持良好的作息时间、合理饮食和适当运动等。在老师和家长的共同努力下，小强的身体状况逐渐得到了改善，学习成绩也恢复了正常。

五、发掘学生的潜力

每个学生都有自己的潜力和特长，教师要善于发现并鼓励他们发挥自己的优势。

小丽是一个学习成绩一般的学生，但她对音乐有很高的热情和天赋。老师发现小丽的特长后，鼓励她参加学校的音乐社团，并为她的音乐学习提供了帮助和支持。

在老师的鼓励下，小丽积极参与各种音乐活动，逐渐展现出了自己的才华，她的音乐成绩也得到了很大的提高，这让她重新找回了自信。在学习方面，小丽也变得更有动力，成绩也有了明显的提升。

反思

面对自暴自弃的学生，教师需要有耐心、细心和爱心。通过激发学生的自信心、帮助学生设定小目标、鼓励学生自我表达、帮助学生重塑健康的生活方式以及发掘学生的潜力等方式，教师可以有效地帮助学生走出困境，重拾信心，实现自我价值。在这个过程中，教师不仅是知识的传授者，更是学生心灵的引导者和成长的陪伴者。

第 33 问

班主任面对学习成绩不佳的学生，怎么办？

 话题

面对学习成绩不佳的学生，班主任常常感到困惑，因为这不仅反映了学生的学习态度和能力，还可能涉及家庭背景和心理状态。如果不妥善处理，可能会打击学生的自信心，甚至导致厌学情绪。因此，班主任应积极对这些学生给予更多关注与帮助，尊重他们的个性和兴趣，帮助他们找到适合的学习方法。同时，关注学生的心理健康，及时发现问题并提供支持，善于表扬他们的优点，通过组织集体活动培养团队精神。总之，班主任要用爱心和耐心引导学生，帮助他们克服困难，实现自我价值。

孩子，老师等你慢慢地蜕变

期中考试的成绩单发下来了，我迅速浏览了两个班的语文成绩，一眼便瞅见一个醒目的分数——32 分。那么醒目、分外突出，让人无法忽视。我眉头一皱，立马瞄了一眼姓名栏——蒲俊杰。是意料之中的人，情理之中的事。

半学期以来，这个孩子几乎没有按时完成过作业，偶尔交上来只字片言，我使出浑身解数也认不得几个。准确地说，他应该不怎么会写字，更不用说掌握笔顺笔画了。

新学期、新班级，两个班近 90 名学生，我第一个认识的就是蒲俊杰。他的大名常常出现在不写作业、不交本子的名单上，我不得不时常单独与他"亲密"接触。蒲俊杰个头矮小，身体瘦弱，五官较清秀，眼神清澈而灵动，但灵动中有更多的不安与躲闪。刚开始的几周，与蒲俊杰交涉作业问题时，无论我的态度温和还是严厉，他总是怯懦地、两腿略微蜷曲着、颤抖地站在我面前，一脸的惊恐，还不失时机地紧锁眉头、频频眨眼，做出一副痛改前非状，我真的相信他会洗心革面，完成作业；但事与愿违，他依然我行我素。经过几次尝试后，我决定不再过分关注他的作业问题，想着在课堂上关注这个学生，找一个突破口。

接连几天的课堂上，我发现蒲俊杰非常困倦、瞌睡，我稍稍一疏忽，他就呼呼大睡。一天，看他实在困顿迷糊，我要求他去楼道内走走，但蒲俊杰紧皱眉头、痛苦不堪地说他肚子疼。"去不去卫生间？喝热水吗？"我赶紧收起满脸的不耐烦，关切地问。"不去了，张老师，我趴一会儿就好了。"他艰难地说。"好吧，你趴一会。"我话音刚落，后面有个女生大声说道："张老师，他是装的，他在骗你！"

"他每节课都在睡觉。"

"今天，他已经睡了三节课，上节课还让英语老师批了一顿。"

"他每天玩手机到半夜两三点。"

……

班里一下炸开了锅，孩子们叽叽喳喳地声讨起蒲俊杰的种种"罪行"，个个义愤填膺。我非常吃惊——自己虽不能说"阅生"无数，但自诩对学生的认识掌握还比较准，能及时识透他们的所思所想，没想到被这黄毛小孩给糊弄了！我没有接孩子们的话茬，等他们稍稍平复了心情，我微笑着、轻描淡写地说："今天，也许蒲俊杰真的不舒服，就让他趴一会儿吧，或许下午或者明天他舒服了就不会再睡了。我宁愿相信他，大家相信他吗？"孩子们疑惑地看着我，没有搭腔。我没做任何解释，继续上课。

接下来几天的语文课上，蒲俊杰几乎没睡过觉，虽然眼神很疲倦，他却

第33问 班主任面对学习成绩不佳的学生，怎么办？

时不时地用一只手挠着头顶。我知道，他在竭力使自己保持清醒。我没有忘记给予他鼓励，或投去赞赏的微笑。这个孩子不会听课，也无法使自己专注于课堂，一节课下来，字没写几个，却弄了满书满手的墨迹和污渍。有一天，我忽然发现他的头顶正中少了一块银圆大小的头发，那么醒目，那么刺眼。我不动声色地观察着，孩子依然时不时地挠着头顶。"莫不是得了什么瘙痒病，使他脱发了？"我猜想。下课，我问蒲俊杰脱发的原因，他周围的同学七嘴八舌地说："是他自己揪掉的！"我呆愣了半天——为蒲俊杰的痛苦，更为周围同学对他的冷淡。我知道，我必须找一个恰当的时机开导开导孩子们，唤醒他们的同情心和怜爱之心。

一方面，我找孩子交谈开导，也与他的父母沟通；另一方面，我也在寻找机会……

时机来了。郑振铎的《猫》给了我一个绝好的"大做文章"的机会——我先引导孩子们感知作者对"猫"这一弱小生命的自责和愧疚之情；然后我又延伸开来，让孩子们在讨论中认识到，对于生活中的贫弱者、学习困难者，我们不能鄙视、唾弃、孤立，而应该同情怜悯，更应该伸出友爱之手去接纳，去帮助，去鼓励，帮助他们建立自信，克服弱点，不断进步，这才是我们最应该做的。我讲得激情澎湃，时不时微笑地注视着蒲俊杰。他专注地听着，眉头舒展开来，清澈的两眼闪着光。班里其他同学也是十分激动，个个脸上绽放着温暖与赞许的笑容。

"集体的力量是无穷的。"我想引导集体舆论，把自己对某一学生的关心、帮助、鼓励，变成集体对这个同学的关心、帮助、鼓励。始终把后进生置于集体的注视之中，使他们随时感受到来自全班同学，而不只是老师的或友爱、或赞许、或期待的目光，这是转化后进生非常有效的途径之一。事实的确如此。课堂上，看见蒲俊杰挠头顶，我会走过去，轻轻放下他的手。我夸奖蒲俊杰完成了一次作业、背会了一两句诗，孩子们也常会指出蒲俊杰偶尔闪现出的一点长处。

一天，我刚跨进他们班的教室，蒲俊杰满面春风地送我一块糖果。我接住，认真看了看，道谢并郑重地装进口袋。孩子满脸的得意与幸福，我心里也暖暖的——为孩子对我的信任。是啊！教师对学生的引导教育作用真不可低估，只要引导正确，再顽劣不堪的孩子也会改掉恶习，蒲俊杰也不例外。前几天，蒲俊杰主动告诉我，他语文期末考试的目标是60分。我欣慰极了，不是为他的分数，而是为他的改变。

"习惯成自然。"好习惯不是一蹴而就的，坏习惯也不会十天八日就改掉。孩子，你慢慢来，老师期待你慢慢地蜕变。也许，三年你也考不出七八十分的成绩，但我相信，你会在老师和同学们的帮助和鼓励下拥有健康、自信、阳光的心态。

老师，请给我一支蜡烛的温暖

新学期，我担任七年级（1）班的班主任。没多久，张扬的行为开始让我头疼了。他不但学习基础差，而且不遵守班级纪律，课堂上经常做小动作，和同学说话，甚至发展为老师在课堂上批评他时，他还当场顶撞老师。有一次他为了私自出校门，竟然与门卫老师打起架来，把门卫老师摔倒在地。我决定把张扬叫到办公室好好谈一谈。

我心平气和地问："张扬，你为什么要打人？"张扬说："我和老师发生矛盾就是为了出风头，而且我心里很烦，总要爆发出来吧，否则会闷死的。"我听了后点头表示理解。心想，既然张扬爱出风头，爱表现自己，何不让他发挥自己的专长呢？我就语重心长地说："你篮球打得那么棒，为何不成为学校的篮球高手呢？同样可以出名，而且还可以受表扬呢，而打架出名只能使自己臭名远扬。每个人都有烦恼，有烦恼时就在球场上跑几圈或打几场篮球，或者和老师、同学谈谈心，这样烦恼就会大大减少啊。我非常愿意做你篮球场上的'哥们儿'，好吗？"他听了我的话，高兴得手舞足蹈，说："顾老师，那你说话可要算数啊！"我说："那我们击掌为盟。在体育课上，我陪你

第33问 班主任面对学习成绩不佳的学生，怎么办？

打篮球。其他课上你不能再搞小动作，和同学说话。如果谁做不到，就在全班同学面前作检讨。"张扬连连保证，说："我一定会做到的。"这时候，我知道他内心深处已真正地接受了我的建议。

为了遵守我们之间的承诺，在后面的体育课上，只要我有时间，我就会喊上男生一起打篮球。我有意识地把张扬分在我那一组，当他带球突破上篮时，我就大声地喊道："张扬，你的技术真棒！"当他投进一个漂亮的三分球时，我就带领我们一组的同学为他鼓掌喝彩。在打篮球的过程中，张扬充分发挥出了自己的优势，也享受到了成功的喜悦。

运动会上，张扬带领我班篮球队取得了团体第一名的好成绩，他还获得了"优秀篮球运动员"的荣誉称号。我在班内总结会上，对全班同学说："张扬是我班的体育明星，如果没有他，我们班级也不会取得第一名的优异成绩。我们再次为他鼓掌，并请他发表获奖感言！"张扬站起来，用手挠一挠头，不好意思地说："我们班能取得第一名的好成绩，这是我们班同学团结一心、努力拼搏的结果，并不是我一个人的功劳。我在打球时有单打独斗的情况，没有大局意识，还指责传球失误的同学，我配不上'优秀篮球运动员'的称号。"我不失时机地说："张扬同学能这样认识自己，说明他已经成熟了许多，再也不是以前那个做事不计后果的张扬了，知道了自己应该在什么场合'张扬'个性，我觉得这个'优秀篮球运动员'的称号非他莫属，大家说是不是？"教室里顿时响起了热烈的掌声。经过这次活动，张扬开始慢慢变了，变得对老师有礼貌了，变得对同学更友善了，不再是以前那个做事莽撞的张扬了，以前他身上那些不良的行为习惯减少了，他的学习成绩也开始慢慢提高了。

后来，张扬在作业本中给我写了一张纸条，上面写道："顾老师，我不奢望有耀眼的光环笼罩在我头上，只期望有一支蜡烛能给予我片刻温暖，而您正是那支照亮我前进道路的蜡烛。谢谢您！"我读了这张纸条后感动得想流泪，这是多么朴实的话语啊！对于"学困生"来讲，老师一个关爱的眼神、一个温馨的微笑都足以让他们终生难忘。那一刻,作为老师的我明白了,是真诚的爱心和尊重唤醒了张扬那原本沉睡的心灵。

 反思

对于学习成绩不理想的学生,我们不能轻易放弃他们。他们可能只是需要更多的关注和帮助。作为老师,我们要有耐心和爱心,对待每一个学生都要公平公正。我们不能因为学生的学习成绩欠佳就对他们有偏见,而应该尊重他们的个性和兴趣,帮助他们找到适合自己的学习方法。我们要关注学生的心理健康,及时发现他们的问题并给予帮助;要善于发现学生的闪光点,并给予表扬和鼓励。这样不仅能增强学生的自信心,还能激发他们的学习兴趣。我们要注重培养学生的团队精神和合作意识,通过组织一些集体活动,让学生在活动中学会相互支持、相互帮助。总之,作为班主任,我们要关注每一个学生的成长,用爱心和耐心去引导他们,帮助他们克服困难,实现自己的价值。只有这样,我们才能真正达到教育的目的,让每一个学生都能茁壮成长。

第 34 问
个别学生总是不完成学习任务时，怎么办？

作为班主任，每天总能听到班里有个别学生不完成学习任务，不交作业的消息，让老师与课代表都很费劲。虽然我也尝试着对他们进行教育、引导，但效果总不理想。因此，探讨原因并研究对策很有必要，这关系到我们的教育如何培养全面发展的人。

老师，给我最后一次机会

宏是一个少言寡语的男孩，胖乎乎的小脸蛋，常常瞪着眼珠一动不动地看着你，露出一副很无辜的样子，整个人看起来显得有点木讷。他在学习中也是这样的，别人五分钟就能做好的作业，他得花五十分钟，可能还不止呢。课堂上提问他，他站起来，呆愣愣地看着你，就是不说话，非得等你把问题再说几遍，或是被逼急了，他才肯慢条斯理地说上一句。

宏的父亲因为要经营生意，就把他托付给了外婆。长辈们总是疼爱孩子的，于是他的惰性也就越来越重了。

今天一早我走进教室，发现他的眼光一直追随着我，多年的教学经验让我明白，他一定有事情。我坐下开始批阅昨天的家庭作业——"写一篇参观日记"。我特别留意了他的作业，不出所料，他的作业本没有交。我抬起头，正遇上他的目光，那目光是胆怯的，可能也知道我明白了真相。于是，我用一个手势便把他召了过来。宏过来时的脚步，是迟缓的、犹豫的。

"作业呢？"一阵沉默。我又问了一遍，他吞吞吐吐地说："忘在家里了，没带来。""回去拿！"我的话语是不容置辩的。他站着不动，我递过手机，对他说："你不回去，那就给你爸打个电话，让他给你送过来吧。"他还是不说也不动。此时我明白了，他又骗我了，他根本就没做作业。

记得有一次他没做作业，当我问他时，他应付自如："昨天我帮外婆烧晚饭后，做了数学作业，时间太晚了，我想早晨起来做语文作业，可是又起晚了。"我表扬了他爱劳动，但也告诉他不能影响学习，于是就原谅了他。但不久碰到他的外婆，我把他的情况说了一下，没想到他外婆告诉我："每天他回家后做作业都慢得很，做做玩玩，我还在旁边不停地催促，哪还会叫他做家务活呢！"这还得了，不做作业还编谎言！我立马找他谈话，指出学习成绩不好不要紧，但做人不诚实对成长没有好处。他也认识到了自己的错误，并向我保证以后再也不骗老师了。

如此过了一段时间，他再一次犯了同样的错误。纵容学生不是我的所为，我对他说："这次家庭作业没做完，我要打电话请家长到学校里来。""不要。"他用苦苦相求的目光看着我。"不行，这次一定要请家长。""不要，真的，老师，我马上补起来。"他很快地接了我的话。"不行，你是知道老师的，从来都是说一不二。""老师，给我最后一次机会吧，我以后再也不敢了，真的。"眼泪在他的眼眶里直打转。就在此时，我突然发现他的思维反应很快，而且回答得也很流利。我是个容易感动、也最见不得眼泪的人，"老师，给我最后一次机会"这一句话让我铁了的心开始"熔化"。面对再一次犯错的宏，我又一次原谅了他。"老师，我一定认真把作业补起来。"他向我保证后，如释重负地回到了自己的座位上。

真没想到，没过半个小时，一篇近三百字的作文补写完成，语句也较通顺。如果在平时，他最起码要写一天，也不知能否写满一百个字呢。看来，"逼"有时也起一定的作用。当然，这样的"逼"是善意的、真诚的。

从宏的变化中我感悟到，其实好多学生撒谎都不是有意而为，而是自我保护的一种本能：为了逃避责备和惩罚，用谎言掩盖过错行为。所以班主任

第34问 个别学生总是不完成学习任务时，怎么办？

应立足学生实际，结合身边的点滴事例，不失时机地对学生进行潜移默化的教育，使学生改正错误，身心健康地成长。

 反思

我们应当更合理地利用课堂时间，充分备好课，做到精讲，给学生留出足够的完成作业的时间。教师布置作业要有一定的技巧，不能单纯布置重复性作业，要让学生感到作业有一定的挑战性，感到完成作业对他们的学习成绩有很大的帮助。这就需要教师在布置作业时进行精心的设计。好习惯的养成不容易，改掉一个坏习惯也是不容易的，班主任对有坏习惯的学生一定要有耐心，多与他们沟通交流，使他们认识到有时写作业比上课听讲更重要。

第 35 问

学生与科任教师关系紧张，怎么办？

 **话题**

"现在的英语老师和之前的老师比起来差远了。一听要上英语课我就头疼。""老师特别凶，讲课无聊，一想到数学我就提不起兴趣。"……

我们在与一些孩子交流时总能听到类似上文的"抱怨"，孩子们有时会因为不喜欢一位老师而不喜欢一门学科，甚至导致这一学科的成绩一落千丈。客观来说，孩子学习过程中会遇到很多老师，老师的教学风格、性格特点、教学经验各不相同，我们很难保证孩子会喜欢遇到的每一位老师。作为班主任，遇到这样的情况，我们该怎么办？

育人须从"心"开始

高文是九年级的一名男生，学习成绩居班级中游，但性情较为偏执。

星期五下午的第一节课是物理课。上课不一会儿，坐在后面的几个学生开始说话，先是小声，后来声音越来越大。高文便是其中的一个。无奈物理老师停下讲课，提醒说话的学生："希望大家安静听讲，不要影响课堂教学秩序。"说完，继续讲课。

可是，刚过一会儿，这几个学生的说话声音又由小变大。物理老师极力忍耐着继续讲课。他们见物理老师没再批评，就又放肆起来，说话的声音愈发大起来。高文的声音尤为突出。此时，物理老师面对纷乱的课堂，再也忍不住了，严厉地说："说话的，站起来！"可是，没有一个学生站起来。物理老师慢慢扫视后面几排学生，目光触到高文后愤怒地说："高文，你站起来！"高文满脸激愤地盯着物理老师，一言未发，一动不动。物理老师见高文这种情绪状态，只好继续讲课。

刚讲了几句，高文又旁若无人地自言自语。物理老师再也无法讲下去了，对着高文大喝一声："高文，你出去！""为什么出去？""你说话，影响讲课！""那么多人说话，为什么单让我出去？""你说话了，就让你出去，怎的！""那我就和你整！"高文怒不可遏地说。于是，高文与物理老师发生了激烈的对峙。班主任赶来后，把高文带到了办公室。

高文气得抽噎起来。班主任递给高文一杯水，高文没有理会。班主任对高文说："你先喝点水，平静平静，和我说说你有什么委屈，好不好？"高文抽抽搭搭地说出了事情的大概过程，说："这回，我还不学了，就和他整！""这回我还不学了"这句话马上引起了班主任的注意。升入九年级后，高文学习十分努力，班主任看出了高文的决心。高文也曾向家长明确表示过，七年级和八年级时学习用功不足，升入九年级后一定要加倍努力，考入高中。升入九年级至今，已经进行了两次月考，高文两次月考的成绩均居班级中游，未见提高。近一段时间，高文仍然刻苦努力，但时常表现出力不从心的烦躁、压抑和无奈。对此，班主任对高文进行了耐心的疏导，高文也因此对班主任增加了一层信赖感。

班主任意识到，高文面对学习的压力，潜意识里很可能有点泄气，在一定的情境中，有可能会发展为放弃。"这回我还不学了"很可能是高文的潜意识在激动时的流露。高文在物理课上说话失控的深层原因极可能是学习的压力。

针对高文较为偏执的性情，班主任赞扬了高文给自己的良好印象，表扬了高文刻苦学习的劲头，表达了对高文的关注。高文心里渐渐平静。班主任引导高文分析自己物理课上说话失控的深层原因，并实事求是地指出了物理老师的一些不妥之处。

高文被班主任的耐心感化了，承认了自己当前学习压力很大，因此产生了烦躁、压抑和无奈。班主任趁机引导高文分析了自己言语和做法的不妥之处，以及事态僵持下去对自己学习的不利。高文认可班主任的分析。

"我想请家长也来帮你化解一下学习的压力，行不行？"班主任真诚地对高文说。高文沉默了一下，信任地点了点头。"今晚你自己再想一想，如果还有什么问题，明天再找我，好不好？""行。"高文轻声答应。

第二天，物理老师告诉班主任，高文向他道了歉。午休时，高文找到班主任，表达了学习不松劲的决心，请班主任继续帮助他。班主任颇感畅快，高兴地说："我相信你，也会永远帮助你。"

案例分析：

这个案例表明，对学生问题行为处理方法的不同，会导致解决结果的迥异。

物理老师在课上对高文的处理，不妥的原因主要在于：

1. 冷静不足。刚上课时，物理老师对说话学生进行了提醒，尽管"说话声音又由小变大"时，物理老师极力忍耐着，但最终还是"再也忍受不住了"，严厉地命令"说话的站起来"，而且还愤怒地让高文"站起来！"大喝高文"出去！"由此可以看出，在事情的发生阶段，物理老师还是冷静的，但在事情的发展阶段，就失去了耐心，愤怒代替了冷静，最终引发了与高文的严重对峙。

2. 缺乏解读意识。物理老师在高文违纪行为发展的各个环节，都没有想到应该了解分析一下高文说话且不听劝阻的原因，尤其是深层原因。因此，老师的激愤也随着高文的行为而加剧，从而又加剧了高文的对抗情绪。物理老师缺乏解读意识，未能理智地控制情绪，无形中对高文的情绪激动起了推波助澜的作用。

3. 处理方法不当。面对高文的违纪行为，老师对高文选择了罚站的处理方法。虽然罚站没有实现，但这一处理方法说明了物理老师缺乏以学生为本的理念和宗旨，教育理念中依然存在着专制的成分。不当的理念导致不当的方法，最终导致事与愿违。至少可以说，物理老师不当的处理方法是高文态度越来越恶劣的催化剂。

班主任对高文的处理，成功的原因主要在于：

1. 具有敏锐的解读意识。班主任从高文的"这回我还不学了"这句话，马上联想到高文升入九年级以后的学习决心、状态、两次月考的成绩，以及近期时常出现的烦躁、压抑和无奈的表现，意识到了高文本节课上言行失控的深层原因，并没有止于了解高文上课说话的过程，这就为恰当地解决问题奠定了有利的基础。

2. 因人施教，因势利导。班主任针对高文较为偏执的性情，赞扬了高文给自己的良好印象，表扬了高文刻苦学习的劲头，表达了对高文的关注，实事求是地指出了物理老师的一些不妥之处。这正是针对高文个性特点进行因人施教的具体体现。正是这种因人施教的展开，平复了高文的情绪，增加了解决问题的可能性。在此基础上，班主任顺势引导高文分析自己物理课上说话失控的深层原因，分析自己言语和做法的不妥之处，以及事态僵持下去对自己学习的不利。这些引导正是因势利导的具体展开。班主任在对高文的引导中，并没有涉及高文成绩名次没有提高的原因，而是在引导高文分析后果的过程中，抓住了高文最关注的学习。这是因人施教与因势利导的和谐统一。班主任这种因人施教、因势利导的解决方法，实质是其独特的学生观和教育观的体现。

3. 尊重学生，关爱学生。班主任将高文带到办公室后，递给高文一杯水；高文没有理会，其仍然劝高文喝水，把委屈说出来。在高文的症结基本解开之后，又向高文征求"请家长也来帮你化解一下学习的压力"的意见，并嘱咐高文"今晚你自己再想一想，如果还有什么问题，明天再找我"。当第二天高文表示了学习不松劲的决心,请班主任继续帮助时,班主任"颇感畅快",表示了对高文的信心和支持。所有这些细节,无一不是对高文尊重的体现,无一不是对高文关爱的体现。班主任这种真实的尊重和真诚的关爱,正是新型师生关系要求的体现。

 反思

当学生与科任教师关系紧张时,须冷静处理。首先,应了解矛盾根源是教学方式不适应、沟通有误会,还是其他问题。若学生觉得教师教学枯燥,可引导其尝试理解教师的出发点,并鼓励其私下和教师交流想法。若因误会,可创造机会让双方坦诚沟通,解开疙瘩。同时,要让学生明白尊重教师的重要性,即使有分歧,也不能破坏关系。教师方面,可建议其适当调整教学策略或增加和学生的互动,增进彼此的了解。双方都要学会换位思考,多站在对方角度看问题,以宽容心态对待彼此,努力化解紧张关系,营造良好的教学氛围。

第二节　对学生使用网络的引导

第 36 问

班主任面对沉迷手机游戏的学生，怎么办？

 话题

在数字化时代，沉迷手机游戏的现象在学生中愈发普遍，给班主任带来了新的挑战。面对这样的学生，班主任不仅要关心他们的学习成绩，更要关注这种沉迷游戏的状况对其心理健康和人际关系可能产生的负面影响。如果不及时介入，学生可能会对学习失去兴趣，也可能导致学生的社交能力下降，甚至影响家庭关系。与此同时，班主任在处理此类问题时，往往会面临学生的反抗和情绪波动，如何有效沟通并引导学生自觉克制，成为一项重要的任务。在这一过程中，缺乏适当的引导和支持，可能导致学生更加逃避现实，加剧沉迷的情况。因此，班主任需要思考如何在引导学生合理使用手机的同时，培养他们的自律意识，帮助他们找到更健康的娱乐方式和生活平衡。

防止沉迷网络游戏,引导学生"抬头"

"低头族"在社会上随处可见,中小学生沉迷于玩手机的现象也是可以预见的。很多家长为了便于联系给孩子买手机也算是正常,但有些孩子自我控制能力不足,导致沉迷于玩手机、打游戏无法自拔,班主任要如何管教呢?

一、网络游戏为什么有如此大的吸引力

网络游戏之所以对学生有如此大的吸引力,主要原因有以下几个方面。首先是网络游戏题材广泛,有科幻类的,有畅销小说类的,更多的是惊险刺激的比赛和暴力恐怖的搏杀。其次,在制作上,有电脑技术的支持,网络游戏的制作水平大大提高;从画面上看,更加浪漫、逼真、震撼人心,参与者能够体验到前所未有的视觉和听觉的震撼效果。再次是网络游戏的随意发挥性。网络游戏是以角色推动故事情节的发展,而且在网络游戏中玩家参与的是角色本身,他们在游戏设定的故事环境下推动着故事情节的发展。最后,网络游戏还有社交的特性。网络游戏将陌生人联系在一起,战场上是"敌人",下线后是朋友,这种朋友关系不带任何名利性。

二、班主任应该采取的应对措施

1. 时刻关注班级的环境、风气和氛围建设。一方面,要站在学生的角度去想问题;另一方面,应避免单纯地说教,而通过因势利导、以理服人的方式进行教育。可以将反面教育与正面引导相结合,让学生更切实地认识到网瘾的危害,知晓其利害关系,明白正确使用互联网的重要性。班主任要用诚心、责任心、爱心、耐心和信心教育学生。

2. 利用集体,开展主题班会,共同教育。班主任一个人的力量微不足道,可以发动全班同学和其他老师形成集体合力。班主任既要通过常规的教育教学,又要通过个人素养的言传身教,还要通过学生之间产生的相互影响,在诸多方面对学生进行深入的引导和帮助。我和班委会商议召开了主题为"网络游戏利与弊"的辩论会。首先抛出辩题——"高中阶段玩网络游戏利大于

弊，还是弊大于利？"然后让班委组织，学生自由分组，推出自己的辩手，搜集材料开展辩论。正方观点：玩游戏能劳逸结合，有助于学习；有些游戏有历史文化背景，可以增长知识；游戏可以成为一个共同的话题，促进同学间的交流；游戏可以开发智力。反方观点：高中阶段学生的自制力还不是很强，玩网络游戏很容易上瘾，难以自控；高中阶段的主要任务是学习，玩游戏浪费了大量的时间，影响学习。通过辩论，学生对游戏的认识趋于全面。

3. 家校联手，共同教育。首先，帮助那些爱玩游戏的学生构建现实的朋友圈。孤独的学生最容易沉迷网络，因为他们需要在虚拟的世界寻找现实中缺失的归属感。其次，指导家长进行家庭教育，防止网瘾产生。家长与学生要加强沟通，并设法使家庭生活充满情感且不单调。再次，创建多元的假期休闲文化。学生去玩游戏除了因为好奇、同伴相邀之外，一个很重要的原因是不知道假期生活如何过。一旦多彩的现实生活占据了学生的假期，他们就不会再沉迷于网络了。

全国优秀班主任、特级教师丁榕说过："研究学生的需要，满足学生的正当需要，是做好班主任工作的源泉"。要真正解决学生沉迷网络游戏的问题，也应该从研究学生的需要、满足学生的正当需要入手。光"堵"不行，要像大禹治水那样，一头"堵"一头"疏"，但是怎么"疏"是个值得进一步深入思考和研究的话题。

 反思

在当今社会，随着科技的迅速发展和智能手机的普及，很多中小学生沉迷于手机游戏，成为所谓的"低头族"。这不仅影响了他们的学习和生活，也给家长和老师等教育者带来了巨大的挑战。班主任应持续关注学生的行为变化，及时发现学生沉迷手机游戏的迹象，并给予个性化的指导和帮助。同时，也要不断更新自己的教育方法和策略，以适应不断变化的教育环境和学生需求。面对学生沉迷手机游戏的问题，班主任需要采取多元化的策略，既要理解游戏背后的吸引力，也要通过教育活动和家校合作来引导学生。更重要的是，要深入研究和满足学生的正当需求，提供更有吸引力的替代活动，从而实现对学生的有效引导和教育。

第 37 问

班主任面对想做"网红"的学生,怎么办?

 话题

随着社交媒体的普及,越来越多的学生渴望成为"网红",追求在网络平台上的关注和认可。面对这种现象,班主任常常感到困惑。学生的这种想法可能源于对流行文化的追捧,若不加以引导,可能导致他们过度关注虚拟世界,忽视学业和真实的人际关系。如何有效地引导这些学生,既能满足他们对自我表达的渴望,又能确保他们不偏离学业,保持身心健康,是班主任面临的重要课题。如果班主任未能妥善处理,学生可能会在追求网络名利的过程中,给自己的学习成绩和心理状态造成消极影响,甚至可能遭遇网络暴力等风险。

如何面对想做"网红"的学生?

近些年,网络短视频风靡校园。很多学生热衷于观看、参与拍摄短视频,并寄希望于一夜成名。一些学生为了吸引关注,模仿视频中大胆的拍摄方式进行拍摄。然而这样的做法不仅影响了学生的学习,也影响了周围同学正常的学习生活。与此同时,大家的价值观念也逐渐发生了变化。越来越多的学生受到了影响,"网红"成了许多人的追求。

学生是社会发展的重要储备人才资源,他们的思想状况对于国家未来的发展和建设有着十分重大而深远的意义。思想政治教育既是政治教育,更是

品德与价值观的塑造和培养。在网络时代，学生对成功"网红"的羡慕情绪日益增长，这反映了他们对流行文化的追求和自我表达的需求。对于学生而言，展示在他们面前的是什么，他们就会关注什么。班主任引导学生去了解和认识更全面的价值理念和职业角色，是解决该问题的核心。

1. 深入了解。关注学生所喜爱的，了解学生喜欢的沟通方法和途径并分析学生为什么喜欢这样的表达方式。

2. 做好对话。每个学生的行为动机都不尽相同。学生为什么喜欢看？为什么喜欢拍？他们认为这些"网红"的成功体现在哪些方面？要去倾听学生的意见，了解他们对于新事物的看法。

3. 尝试模仿。看看学生喜欢怎样的方式，这样的方式可不可以融入日常的学习、教育、品德引导中，寻找与教育内容的链接渠道。

4. 开展形式多样的教育。尝试拓展方法途径，让学生参与其中，以他们的视角和方式，去建立他们自己所喜爱的教育渠道。

5. 建立规则，做好主次引导。不需要否定学生的观念与追求，而是和学生建立规则。学生当下的主要任务是学习，要与学生做好沟通：在保证完成自身的学习任务和不影响他人的基础上，可以发展自己的娱乐爱好。

"网红"真的励志吗？

不可否认，"草根逆袭"的故事令人振奋。我小时候也有过明星梦，但很快明白，娱乐圈明星在出道前都是经历过辛苦煎熬的，除了不断磨砺才能，还需要机遇眷顾，有时一等就是十几年，没有人可以随随便便成功。

而网络时代改变了这一切，让"草根"也有机会走红，这原本是好事。不过要看到"网红"机制的背后，就会发现其本质是"反专业""去中心化"，就是说，就算没有特别的才能，只要足够吸引眼球或能制造话题，任何人都有可能成为"网红"。即使是小学生，也可能通过一条模仿成人的反差视频，或一条搞怪的舞蹈视频，获得成百上千的点赞。可是靠卖弄新奇又能红多久呢？我始终坚信，无论做任何事，尊重专业是第一位的，即便孩子有个"网红"梦，我也希望他能以真才华获得认可，而不是靠低俗博得喝彩。

未成年人往往被"明星"的光环所吸引,渴望能轻松成为人生赢家。这并不令人意外,令人担忧的是没人站出来及时告诉他们什么是应该做的,什么是不应该做的。

反思

在面对学生想做"网红"的现象时,作为教育者,我们首先需要认识到这一现象背后反映的是当代青少年对于快速成功和即时满足的渴望。这种心态在一定程度上是由现代社会的信息爆炸和网络文化所塑造的。其次,我们的责任是引导学生形成正确的价值观,帮助他们理解成功的真正含义,以及如何通过持续的努力和学习来实现个人价值。面对学生想做"网红"的现象,我们应该采取积极的态度,通过深入了解学生的兴趣和动机、有效沟通、教育融合和规则引导等方法,帮助学生建立正确的价值观,引导他们健康成长。同时,我们也应该鼓励学生探索多元化的成功路径,培养他们的批判性思维和创新能力,为未来的社会发展作出贡献。

第 38 问
学生沉溺于网络虚拟世界，怎么办？

学生不管在学习还是生活上，总是拿现实生活与虚拟世界相比较，认为现实很无聊，虚拟世界很刺激。针对学生沉溺于网络虚拟世界的问题，班主任应该积极探讨其原因并研究其对策，有必要深入了解学生的心理，并引导他们正确认识网络虚拟世界。

中学生沉溺于网络世界，宜"疏"不宜"堵"

有个别学生常常把玩游戏、上网聊天和网上交友等当作自己每天的"必修课"，而且投入的精力越来越多，可以说虚拟世界已经成了他们的"精神支柱"。他们为此不但损害了身心健康，而且荒废了学业，让老师伤透脑筋却又无能为力。面对这种情况，老师要么苦口婆心地讲道理，要么就用强制的手段来限制甚至处罚学生，其结果不是毫无功效，就是适得其反。为何会这样呢？是因为这些学生在现实的学习、生活、人际交往等方面出现了让他们自己难以解决的问题，而沉溺于虚拟世界，对他们来说是一种最为合适和方便的逃避现实烦恼的途径。中学生沉溺于网络虚拟世界的真正心态是什么呢？

寻求精神安慰，方便倾诉苦恼。小方是九年级学生，面对升学的巨大压力，老师和家长只关心小方的学习情况而忽略了他的情感需求。因此，小方有了苦恼也不愿向老师家长诉说，而更愿意向自己的知心朋友诉说。但有些情感秘密又怕朋友不能保密，或是不理解而看不起自己。于是小方就选择了网络世界，因为大家可以不公开自己的真实姓名和地址，所以不担心对方泄露自己的秘密，思想上不会有什么负担。许多中学生选择上网交友的一个重要原因就是它的隐匿性。

小崔同学受家长过分的关注和疼爱而显得孤僻、自傲，对身边的同学看不惯。小崔因觉得自己的爱好兴趣与同学合不来，便把友情寄托于"网友"身上和网络虚拟世界，希望能在网上找到纯洁的友情。

现实带给他们的，是对老师缺乏"兴趣"。这主要是因为两代人之间有代沟，看问题、做事情的观点和方式出现很大的差异，又缺乏平等沟通的机会。有些老师或是教育方式存在偏差，或是对学生实行"霸权"，或是对学生采取严厉高压举措，或是对学生冷淡忽视等等，特别是忽视学生原来的兴趣爱好，总是用自己的喜好来代替学生的愿望……由于没有平等民主、充满爱心的和谐关系，老师的言行不但无法对学生形成正面积极的教育，反而愈加使学生产生不满、排斥、怀疑、叛逆的态度。学生如果不能从生活中这些重要的人身上获得关注、赏识、接纳与安全感，就会变得不求上进、不思进取，那么他们躲进虚拟世界得过且过也就不足为怪了。

针对以上中学生上网交友的心理透析，班主任在处理这些情况时，应该以疏导为主，而不要一味地去杜绝，这样只能适得其反。

班主任要引导学生认识到沉溺于网络虚拟世界所带来的负面影响。通过许许多多的案例告诫学生提高警惕，网络世界并非真实存在，有不少游手好闲的社会青年利用中学生的单纯骗取钱财。还要当心网上的黄色垃圾对学生身心的腐蚀。一些黄色网站的泛滥传播使得一些经不住诱惑的中学生沉迷于此不能自拔，有的甚至走上犯罪道路。

班主任应做学生的知心朋友。大量的实践和研究证明，有良好的师生关系和同学关系、父母关心较多的中学生，必然充满归属感和安全感，其心理也会得到健康发展；反之，会对其心理健康产生不良影响。因此，班主任要做中学生的知心朋友，不能只关心学生的学习成绩；当学生有了烦恼，需要向别人倾诉时,应主动听取他们的心声。

班主任要加强学生青春期性教育。青春期是一个人形成人生观、价值观的关键阶段,现有的青春期性教育只重视人的自然属性而忽略了人的社会属性,不能达到青春期性教育的最终目的。所以,青春期性教育以道德教育为核心,聚焦性文明、性伦理道德的培养,协同生理、心理、法治等多元内容开展。青春期性教育应在青少年生理发育初期就开展,让他们在步入人生重要阶段之前有一个良好的心理准备。

班主任要加强学生心理辅导工作。中学生的情绪具有易感性和两极性的特点。班主任一个眼神、一个漫不经心的动作,都会使他们平静的内心产生涟漪。取得了一次好成绩,他们有可能欣喜若狂,甚至目空一切;遇到一点挫折失败,他们又有可能变得灰心丧气、悲观失望。这种"疾风怒涛"式的情感严重影响了他们的学习和生活。另外,由于心理的闭锁性,一些中学生不愿意把内心的"秘密"向他人透露,慢慢就产生了孤独感和压抑感。因此,班主任要定期对学生进行心理辅导。在心理辅导中,严格按照理解、尊重、支持、信任、保密的原则对待每一位学生。

反思

对待中学生沉溺于网络虚拟世界的问题,班主任应该注意引导。既不能因负面效应而完全禁止学生上网,也不能撒手不管,让学生在网上任意漫游。班主任要想真正地帮助学生彻底地走出沉溺于虚拟世界的泥潭,就应该了解和关注学生在学习、生活上存在的问题。只有抓住并解决了这些根本性的东西,学生"症状"的改变才会水到渠成。

第三节　学生思想与心理指导

第 39 问

个别学生不善与同伴交往，怎么办？

 话题

班里一位学生跟我聊天时说，他总觉得自己跟同学待在一起时很拘谨，找不到话题，感到紧张，也不知道该怎么办。我班里还有个别学生跟他的情况差不多，性格内向，从不主动和别人交往，即使别人主动和他打招呼，他也往往采取回避的态度，因此几乎没有特别好的朋友。我该如何帮助他们呢？

孩子不善与同伴交往与家庭教育有关

在学校里，我们常常发现这样一些情况：有的学生在家里活泼好动，聪明伶俐，而一旦来到学校接触陌生同学时，就会变得胆怯腼腆，呆板笨拙；有的学生在学校里独自玩耍，显得很不合群；有的学生则恰恰相反，与人交

第39问 个别学生不善与同伴交往,怎么办?

往处处逞强,横行霸道,显得盛气凌人;还有的学生遇到熟人时,即使家长敦促其礼貌问候,他也缄口不语,设法躲避。这些情况的发生与家庭教育有着密切的关系。

一、"父母意识"潜移默化的影响

有些家长在与人交往中存在着不良的习惯,对人不礼貌、语言粗鲁、态度冷漠等;有的笃信"老实人吃亏"的交往信条,教育孩子"谁碰你一下,你就还他一拳"。比如:有个男孩与同伴在玩耍中发生了矛盾,双方均有点伤痕,这个男孩家长知道此事后,不问青红皂白,当众动手打了对方一记耳光,并骂自己的孩子无用。这些不良行为无疑影响着孩子。

二、家长的溺爱和过分保护

有的家长出于怕发生危险的心理,总喜欢把孩子关在家里,不让他们奔跑、爬高,过多地限制孩子与外界交往;有的家长因孩子体质差,经常生病,对孩子更是加倍保护、照顾,恨不得把孩子放在"温室"里,处处不放心,剥夺了他们与人交往的机会,使孩子依赖心理强、胆小,对新环境难以适应,与人交往显得十分笨拙;还有的家长一味满足孩子的要求,有好吃的让他先吃,有好玩的让他玩够,逐渐使孩子变得唯我独尊,不尊重别人,不帮助别人,在与人交往时自私任性、霸道。这样的孩子必然交不到朋友,久而久之,便养成古怪孤僻的性格。

三、生活环境的影响

目前,我国居民住房多为单元结构,这本身就减少了孩子间交往的机会。再加上现代生活节奏紧张,邻里间往来较少,这也不利于孩子交朋友。孩子间即使偶有交往,有时也会被某些家长的行为所干扰。比如:有的家长特别爱干净,把家里打扫得一尘不染,清理得整齐有序。当孩子的朋友来玩时,

143

由于孩子天性好动，难免弄乱弄脏，然而，家长不懂得儿童渴求朋友的心理，指责孩子的朋友这也弄脏了，那也弄坏了，或者限制孩子们在家的某些活动。这样既损伤了孩子的自尊心，又影响了孩子与朋友间的友谊，结果是朋友再也不愿来玩了。

 反思

在日常教学中，作为班主任，要多去了解学生，走进其生活，多与学生家长进行沟通，保持信息的及时更新，共同促进学生身心的和谐发展。鼓励学生多参加班级或学校组织的活动，多发展自己的兴趣爱好，使其慢慢建立自信，激发其主动与同学交流的积极性。班主任还要指导班干部主动团结同学，让学生感受集体的温暖，积极投入集体的怀抱。

第 40 问
学生自卑心理比较强，怎么办？

  班级里常有这样的学生，他们或因学习成绩不好、长相不佳、家境不好、生活条件不理想等原因，产生强烈的自卑感。他们对于别人的一言一行极为敏感，哪怕是别人不经意的一句话、一个眼神，都会在他们内心泛起一阵涟漪，认为他人的言行与自己有关，可能是在针对自己。这样的学生非常在乎他人对自己的看法，自己内心又十分脆弱。为了一时所谓的自尊心，他们不惜用一个个谎言来掩饰自己内心的脆弱；一旦谎言被识破，内心又十分痛苦，根本没有心思学习。严重的时候，可能会发展成抑郁症。面对这种情况，班主任如何走进学生的内心世界，深入了解他们呢？

学会赏识，静待花开

  燕子去了，有再来的时候；杨柳枯了，有再青的时候；而岁月却是如流水一样一去不复返了。多年来为人师表，在讲台上不断地上演着自己的教育教学故事，许多都已随着时日的流逝而渐渐淡忘。但依然有一些时刻，深深地扎在我的心里，久久不能忘却。这些时刻虽不曾惊天动地，却仍历历在目，使人感悟至深。

  今年秋季开学，学校安排我做七年级（9）班的班主任。七年级的学生，初来乍到，对任何事情都有着新奇感，在任何老师的课上都表现积极，唯恐自己在老师那儿留下什么不好的印象。尤其在我这个班主任兼语文老师面前，同学们的表现是相当活跃的。也正因为如此，我很快地掌握了本班哪些学生上课爱思考问题，哪些学生在学习上很用功，哪些学生上课调皮等基本情况。其中有一个学生引起了我的注意。起因有两件事情。第一件事是在一篇作文中，她描写了自己心中既矛盾又困惑的想法，可又不希望别人去了解，去帮助。可她明明是写给我看的呀，我思忖着。另一件事是在学校组织的运动会上，同学们排着长长的队伍有说有笑，唯独她远远地站在队伍的后面，既不和同学们谈笑，也不玩，显得无所适从，郁郁寡欢。

这是典型的性格孤僻。以我从教多年的经验来看，这个学生一定有什么心结，她的心里一定隐藏着许多东西。如果不打开这个心结，对她的发展是很不利的。我试着慢慢接近她，上课间隙，我会问一问她是否听懂了；有时候我也把她叫到办公室，问问她对一些问题的看法。起初，她也只是默不作声，偶尔笑一笑罢了。后来，她对我有了一些了解，于是态度有了一些转变。我抓住契机，适时地和她交谈着心里话。原来，她确实是有心结的。她说自己从小性格内向，不太招人喜欢，不擅长交往，也没有知心朋友，进入新环境后更是难以适应。再加上家庭氛围严肃，亲子关系紧张，学习成绩下滑，自己逐渐产生了自卑心理。在同学面前，她觉得抬不起头，在老师眼里她又觉得自己没用，久而久之她就不再说话了，独来独往，不愿再和任何人交流沟通，把自己封闭了起来。听了她的述说，我半开玩笑地对她说："你觉得我会看不起你吗？"她想了想，摇了摇头说："你不像，如果你也看不起我，我一定不告诉你这些。"同时，她向我保证一定会去和同学搞好关系，并把成绩赶上来。我肯定地点了点头说："不需要怀疑，你本身就是很棒的。"是啊，又有谁会对别人的关心弃之不顾呢？她认同了我对她的关心，被我的诚心所感动。正是因为我无微不至的关怀，才化解了她心中的"坚冰"，才使得她重新找回了自信。在期末考试中，她的学习成绩也有了较大的提高。

教育学生不是一朝一夕的事，是一项长期的工作，这就需要足够的耐心，在平时的工作中细心观察，发现了学生的问题，坦诚地和他们交流。这样做，学生是能够接受的。

第40问　学生自卑心理比较强，怎么办？

三尺讲台，道不尽酸甜苦辣，写不完人生风景。我深感教师的责任就是点亮学生心中的灯，也深感作为一位人民教师的光荣。作为一位人民教师，只有勇于进取，不断创新，才能赶上时代的步伐，取得更大的成绩。只有像爱自己的孩子一样爱自己的学生，尽情欣赏学生的创造，才能感受到作为教师的幸福。

 反思

一位作家说过："在你的身上潜伏着成功的种子，一旦结束冬眠，采取行动，就能助你攀上连自己也不敢想的高峰。"现在许多学生身上缺乏唤醒种子的力量，自卑心理把成功的种子禁锢了。对待自卑、内向的学生，我们不仅要用慧眼去发现他们，更要用热心去温暖他们，用耐心去等待他们，为他们打开通向外面世界的一扇窗，从而使他们融入集体，快乐地成长。

第 41 问

学生感恩意识淡薄，怎么办？

自古以来，就有"受人滴水之恩，当涌泉相报"之言。这"涌泉相报"就是感恩。只有拥有一颗感恩的心，我们才懂得去孝敬父母，才懂得尊敬师长，才懂得关心帮助别人，才懂得回报社会。现在的许多学生从小被娇生惯养，渐渐养成了唯我独尊的个性，情感也变得淡薄。因此，对学生进行感恩教育，势在必行。那么，班主任该如何进行感恩教育呢？

唤感恩之心，育感恩之行

我班里有个叫小辉的学生，成绩中等偏上，但在日常行为中却表现出明显的感恩意识淡薄。有一次，他的母亲冒着大雨给他送来了遗漏在家的课本，浑身湿透的母亲在教室门口耐心地叮嘱他要认真听讲，他却满脸不耐烦，接过课本后便匆匆打发母亲离开，没有丝毫的感激之情。在学校里，老师为他额外辅导功课，帮助他解决学习上的难题，他也觉得理所当然，从未表达过一句感谢。同学生病时，大家纷纷关心问候，他却漠不关心，认为这与自己无关。

这种感恩意识的缺失，不仅影响了他与他人的关系，也不利于他自身品德的健全发展。长此以往，他可能会在成长的道路上遭遇更多的人际困境，难以形成积极健康的人格。怎么办？我决定从以下几个方面开展感恩教育工作。

第41问 学生感恩意识淡薄,怎么办?

一、开展主题班会,触动感恩心弦

我精心组织了一场以"感恩有你,伴我成长"为主题的班会。班会伊始,播放了一段感人至深的视频,视频中展现了父母辛勤养育孩子的艰辛历程。从孩子呱呱坠地到牙牙学语,再到长大成人,父母在背后默默付出了无数的心血。画面中,父母为孩子遮风挡雨、深夜陪伴孩子学习、在孩子生病时焦急万分的场景,让许多同学为之动容。

接着,我又分享了一些身边的感恩故事,如一位贫困学生在接受社会资助后,努力学习,并用自己的行动回报社会的事迹。随后,我组织学生进行小组讨论,让他们分享自己生活中受到他人帮助的经历以及当时的感受。在讨论过程中,小辉起初不太积极,但在同学们的带动下,他也逐渐打开了话匣子。最后,每个小组推选代表上台发言,讲述自己对于感恩的理解和感悟。通过这次班会,学生深刻认识到,无论是父母的养育之恩、老师的教诲之恩,还是同学朋友的帮助之恩,都值得我们用心去感恩和回报。

二、组织实践活动,体验感恩之情

我带领班级同学前往当地的敬老院开展志愿活动。在敬老院里,同学们为老人们打扫房间、整理衣物、表演节目。小辉在活动中负责为老人们打扫庭院,一开始他还有些敷衍,但当他看到老人们脸上洋溢着的幸福笑容时,他的态度逐渐发生了改变。他开始认真地清扫每一个角落,还主动与老人们聊天,听他们的故事。

此外,我还布置了一项特殊的家庭作业——为父母做一件力所能及的事情,并写下自己的感受。小辉回到家后,为父母做了一顿晚餐。尽管饭菜做得并不十分可口,但他的父母却非常感动。小辉在心得体会中写道:"当我看到父母吃着我做的饭菜时,他们脸上的笑容让我突然意识到,自己平时对他们的关心太少了。他们为我付出了那么多,我却从未想过要回报。"这些实践活动,让学生在亲身体验中感受到了付出所带来的快乐,从而激发了他们内心的感恩之情。

三、日常引导教育，强化感恩意识

在日常的班级管理中，我注重抓住每一个教育契机，对学生进行感恩教育。当有同学生病康复后，我会引导全班同学为他送上祝福，并让同学们思考在同学患病期间，大家应该如何给予关心和帮助，让他们明白同学之间相互帮助的重要性。在教师节来临之际，我会组织同学们为老师们制作手工贺卡，表达对老师们的感激之情；并教育他们尊重老师们的辛勤付出，珍惜学习的机会。

同时，我与小辉进行了多次单独谈话，引导他从生活中的点滴小事做起，学会感恩。我给他讲了一些名人感恩的故事，如鲁迅对他的老师藤野先生的敬重与感恩，让他明白感恩是一种高尚的品德，是一个人有修养的表现。每当他在感恩方面有一点进步时，我都会及时给予表扬和肯定，鼓励他继续努力。

四、家校合作共育，巩固感恩之心

我及时与小辉的家长取得联系，反馈他在学校的表现以及我们开展的感恩教育活动情况，建议家长在家中也要注重培养孩子的感恩意识，不要过度溺爱孩子，让孩子适当参与家务劳动，体会父母的辛苦。家长可以在日常生活中多与孩子分享自己的工作经历和生活感悟，让孩子了解家庭的责任和担当。例如，让小辉参与家庭理财，了解家庭的收支情况，明白父母赚钱的不易。

经过一段时间的努力，小辉有了明显的转变。他不再对父母的付出无动于衷，而是会主动关心父母的身体状况，帮忙分担家务。在学校里，他对老师和同学也充满了感激之情，遇到老师会主动问好，同学有困难时也会积极伸出援手。看到他的变化，我深感欣慰，也更加坚定了在班级中持续开展感恩教育的决心。

第41问 学生感恩意识淡薄，怎么办？

感恩教育是一项长期而艰巨的任务，需要我们班主任在日常工作中不断探索和实践。应通过主题班会、实践活动、日常引导和家校合作等多种方式，在潜移默化中唤醒学生的感恩之心，引导他们践行感恩之行，从而成长为有爱心、有责任感、懂得感恩的新时代好少年。

有人说："人生的杠杆是精神，精神的支点是感恩，只有有了感恩的思想，人才能焕发出无穷的力量。"学会感恩就等于架起了做人的支点。感恩是一种美德，不能只停留在讲大道理上，更不能只停留在传授知识上，还要引领学生将感恩意识化为行动，从小事做起，将感恩之行落实在日常行为之中。王阳明说："知者行之始，行者知之成。"要让学生懂得感恩是做人之本，是快乐生活之源。

第 42 问

学生青春期逆反心理严重，怎么办？

逆反心理较严重的学生往往是最令班主任头疼的，在教育这些学生时，"轻不得、重不得"，班主任常常会觉得无从下手。其实，班主任只要了解学生叛逆的原因，采取一定措施，叛逆问题并非无解。

"反向激励"治逆反

逆反心理固然是消极的因素，但如果反向利用，同样会产生积极的意义。班主任与其和学生"硬碰硬"，不如利用学生的逆反心理，反其道而行之，或许能产生意想不到的效果。

小王是班里的"迟到王"，纪律散漫，班主任李老师无论怎么批评他，他都当作耳边风，始终我行我素。某个星期五，他又迟到了，却像没事人一样坐在自己的座位上，一副无所谓的态度。下午第二节班会课上，李老师把小王叫到面前，当着全班同学的面说："同学们，大家也看到了，这一段时间以来，小王每周都有迟到的行为。今天全班同学做证，我和他打赌，他下周肯定还会这样，因为他已经习惯了。他下星期只要有一天迟到，就是老师赢了，就让小王请老师吃东西！"全班同学顿时兴奋起来，又嚷又叫。小王涨红了脸，大声说道："如果我每天都不迟到，怎么办？"李老师毫不示弱地说："那我请全班同学吃冰激凌！"小王挺着脖子说："赌就赌！"当着学生的面，

第42问 学生青春期逆反心理严重,怎么办?

李老师和小王击掌为约。

星期一一大早,李老师一来到教室就看到小王坐在他的座位上,心里一阵窃喜,表面上又装作不在意的样子对他说:"来得挺早呀!"小王得意地笑起来。星期二、星期三,李老师又偷偷地分别找他的周围同学、好朋友谈话,让他们鼓励他,给他加油。星期四、星期五,小王真的做到了一周按时上学,而且没有一天迟到!李老师非常高兴,及时兑现了诺言,请全班同学吃冰激凌。同学们边吃着冰激凌边感谢小王,小王也是一脸的高兴。放学后,李老师把小王留下来,递给他一张生日贺卡,卡片上写道:"生日快乐,不管遇到什么,李老师愿做你最真诚的听众!"小小的一张卡片,让小王的眼睛红红的。李老师不仅表扬了他这个星期的进步,并且与他约定,只要他继续坚持,会每个星期给他发奖。之后的小王没让李老师失望过,他的变化也令班里的同学对他刮目相看。

青春期的孩子渴望自由、自主、自立,难免与教师、家长产生矛盾和对立,如果班主任宽大为怀,尊重他们的人格,理解他们的想法,合理利用他们的逆反心理进行"反向激励",很多让人头疼的问题或许就能迎刃而解。

 反思

纪伯伦说:"你的孩子,其实不是你的孩子。他们是生命对于自身渴望而诞生的孩子。你可以给予他们的是你的爱,却不是你的想法,因为他们自己有自己的思想。"青春期的学生想法独特,要真正了解他,需走进他的内心。我们要放下身段,多和学生交流,要给学生尊重,不能用命令的口吻与学生说话,这样才能让他们从心底里接受我们。很多时候,青春期的学生拖延、迷茫、不自律,都是因为没有目标。我们要注意这个目标一定不是家长希望学生达成的目标,而要来自学生自身的需求。目标不能太大、太遥远,要让学生跳一跳,够得着。

第 43 问

学生抗挫折能力差，怎么办？

 话题

青少年虽然生理发育很快，但性格、意志等方面仍处于不成熟、不稳定的阶段。他们刚刚接触社会不久，缺乏对挫折的亲身体验、正确认识和心理准备，加之争强好胜，渴望成功，所以在遇到挫折时就会或多或少地表现出挫折容忍力差的心理倾向。挫折教育有利于提高学生克服困难的决心、信心、恒心，有利于增强学生对挫折的承受力、应变力、克服力，有利于促进青少年生理和心理的健康发育和成熟。因此，探讨其抗挫折能力差的原因并研究其对策很有必要，这关系到如何培养全面发展的人。这一问题的解决，要靠学校、家庭、社会等多个方面的共同努力。

关于班主任如何培养学生抗挫折能力的几点建议

作为班主任，如何有效地培养学生抵抗挫折的能力呢？结合多年的教学和班主任工作实践，笔者在此谈几点粗浅的看法，与广大同仁共勉。

一、保护学生的自尊心，帮助学生树立坚定的信念

自尊心是学生积极向上、克服困难、自我教育的内部动力。学生遇挫时，自尊心十分脆弱，特别需要保护，班主任要对其进行心理引导，忌用简单粗暴的方法将其"拒之门外"。人只有以坚定的信念作支撑，才能不屈不挠，持

之以恒。因此，在遇到挫折时，要有信心，有意志，坚定信念，承受挫折，接受考验，迎接胜利。班主任要注重德育渗透，通过组织学生观看历史伟人的相关影片等活动，让学生看到他们那种革命乐观主义精神和坚强的信念，以及面对困难坚韧不屈的性格，引导他们树立坚定的信念，科学的世界观、人生观和远大的理想，从而提高学生的挫折承受力。

二、引导学生正确认识和对待挫折

在学习和生活中，学生难免会遇到挫折，教师要从理论学习和生活经验上对学生加以引导，使他们认识到：挫折是学习和生活中的正常现象，一个人一生中适当经受一些挫折，并不完全是坏事，因为挫折可以磨砺人的意志，提高人扭转逆境、克服困难、适应社会生活的能力。要教育学生遭受挫折时，以积极的态度对待挫折，分析它，解决它。不断积累挫折经验，正确归因，学会用转移、宣泄、补偿、升华等心理防卫机制来消除受挫后的不良情绪，只有这样才不至于被挫折击倒。

三、开展心理辅导，提高受挫心理素质

心理辅导是提高中学生心理素质的重要途径和切实手段。班主任应努力学习心理学知识，提高心理教育素养，经常以书信或面谈的形式对有心理困惑的学生进行专业咨询指导，帮助学生学会正确认识自我、评价自我、激励自我、调控自我，以缓解其心理紧张和冲突，提高其适应能力，维护其身心健康。心理咨询不仅可为遭受挫折的学生提供心理宣泄的场所，而且能使他们学会正确地认识挫折和掌握应对挫折的策略。

四、创设挫折情境，积累受挫经验

心理学认为，一个人遭受挫折的经验对其挫折承受力有很大影响。现在的学生，因成长环境较好而缺乏应对挫折的经验，一旦遭受挫折和打击，就会产生消极心理，惊慌失措，承受力很低。因此，为了提高学生的挫折承受力，班主任应有目的地、精心地创设挫折情境，让他们体验各种挫折。比如，

可以举办体育竞赛、知识竞赛等，也可组织学生适当参加社会实践活动，让学生在活动中经受磨难，锻炼意志。通过诸如此类的一系列挫折情境的创设，让学生积累一些受挫经验，在逆境中奋进，在挫折中成长，非常有利于增强其应对挫折的心理承受能力和排解挫折的能力。

五、教会学生抵抗挫折的具体方法

定期进行心理健康教育，注重学习方面、人际方面、适应方面的心理辅导。引导学生自学心理指导读物，有针对性地进行自我教育与心理训练，培养良好个性品质，锻炼心理能力。重点传授自我心理调适的方法，引导学生在生活、学习实践中灵活运用，不断总结提高。如：自我安慰法——面对挫折不消沉，自我安慰，自我鼓励；倾诉法——在受挫之后，把不良情绪通过合理的途径倾吐出来，以获得心理释然和内心的平衡；补偿法——在某方面的目标受挫后，可通过其他途径来实现另一可能成功的目标，作为补偿代替，获得心理平衡；调整目标法——受挫后审视原目标是否符合实际，如不符合或超越实际，就重新修订目标。通过这些方法，让学生学会心理保健，学会自我完善、自我调适，学会人际交往，学会承受挫折，提高自我承受力和解决挫折的能力。

六、树立学习榜样，进行挫折教育

"榜样的力量是无穷的"，在具体榜样的感染下，学生能加深对挫折的认识，激起内在的上进热情，提高把挫折转化为自我锻炼成长的能力。班主任要有意识地搜集一些伟人、名人战胜各种困难挫折的典型事例，向学生讲述，从学习、人际、情感、理想各个方面，给他们树立优秀的榜样。例如忍辱不屈、发愤著史的司马迁，身残志坚、自强不息的张海迪等。这样，他们遇到挫折时就会向榜样看齐，拥有巨大的精神力量。

七、因材施教，方式适宜

挫折教育是学生成长中必不可少的，它能起到赏识教育所达不到的作用。

但要注意不同年龄、环境和性别的孩子在心智发展上存在着较大差异，相同年龄、环境和性别的孩子也存在着个体差异。因此，要做到"因材施教"，对不同学生要选择相适宜的挫折教育方式。如，用游离法锻炼优秀生——优秀生长期处在赞扬中，心理承受能力较弱，为打造优秀生健康的心理，可采用让第一名的桂冠游离于多名优秀生之间的方法，以形成在学习上你追我赶的局面，让优秀生正确看待第一名，以积极的心态应对失败，明白先进的未必永远先进，落后的也未必永远落后的道理；逆向法教育问题生——问题生大多数厌学，性格上冷漠、敌对多疑，一般的处罚、批评对他们来说是隔靴搔痒，但问题生大都爱好文体活动，如果抓住他们的强烈表现欲，进行看似不讲情面的逆向关怀，也许能触动他们的心灵，改变他们的人生。

八、家校联合，促进学生的健康成长

班主任可以通过家长座谈会、家长学校、家长培训班等形式，向家长宣传挫折教育的重要性，帮助家长理解挫折教育的本质，与家长取得共识。同时，还可向家长传授挫折教育的相关知识及方法，并对家长提出具体要求，使家长正确认识自己在挫折教育中的重要地位和作用，积极配合学校开展挫折教育，避免出现家庭教育抵消学校教育作用的现象，使家校协调一致，形成教育合力。

培养学生抗挫折能力的方法有很多。在素质教育环境中，在培养学生良好的心理素质、健全的人格愈来愈不容忽视的今天，班主任应结合实际，用好用活这些方法，并创造性地多层次、多形式、多途径地开展挫折教育，努力提高学生的心理素质，促进学生全面发展，帮助每一个学生增强积极进取的信心，乐观向上，奏响生命的最强音。

第 44 问
学生缺乏责任心，怎么办？

责任感是人格因素中最基础而又最重要的因素之一。现在的学生绝大多数是独生子女，他们受祖辈和父母的宠爱，自立意识差，依赖性强，往往缺乏责任心、责任感。班主任应在教学、管理、活动中培养学生的责任心、责任感，使学生的人格得到全面和谐的发展。因此，探讨学生缺乏责任心的原因并研究其对策就显得很有必要。

七年级（12）班养花的故事

新学期，学校为了响应上级部门"创建文明城市"的号召，决定在各班教室的窗台上摆放花卉，给教室增加生气，增添绿意，让教室更富有活力与激情。不过，我希望窗台上的花不仅能起到美化教室、营造物质文化氛围的作用，更能给予学生一点精神文化的影响。所以我用了一节班会课，让学生讨论我们养什么花。

班会课上，学生七嘴八舌。平日里很有主见的张凯首先发言："我希望买一盆马蹄莲，因为它象征纯洁和友爱。"男子汉气概十足的王涵说："买盆松树盆栽吧，它是智慧和坚贞的象征。"说起话来慢条斯理的秦浩斌说："买盆兰花，它象征了高洁、美好。"徐艺菲站起来说："顾老师，我们能不能让

第44问 学生缺乏责任心，怎么办？

大家自己再带一点来？我妈栽了好多吊兰，我抱一盆来吧，吊兰象征着希望、朴实、宁静。"她的话激起了同学们的"奉献"热情，好几个家里养花的同学都愿意带有意义的花来。学生对花的选择，其实就是一种性情的体现，一种人格的体现，这个交流讨论的过程其实也是精神影响、浸润的过程。他们各具个性，决定了我们班级文化的多元性。

花来了，摆在窗台上，窗台上充满了勃勃生机。过了一个星期，我去上早自习，总感觉有点不一样，可又说不上来到底哪里不一样。下了早自习，王海星对我挤一挤眼睛说："顾老师，你没发现哪儿不一样吗？"经他一提醒，我仔细打量了一下窗台，花摆得不一样了：一盆正开着的四季杜鹃旁边，朴实的仙人掌紧紧挨着它，心甘情愿做了繁花的陪衬；绿色马蹄莲的叶子正中开着圣洁的花；花盆下，同学们用两个小玻璃瓶养着的金边吊兰宁静、美好……"谁的创意？""我和小羽。"王海星笑着，露出可爱的小酒窝。"美术老师教过嘛，艺术品不同的摆放带来不同的美感。"我再打量，高低、大小、繁简的搭配还真有那么一点艺术的品位。

从那以后，窗台上的花时不时总有摆放方式的翻新。偶尔，竟然还有同学在花盆边贴上一句话，表达他们养花的感受，比如"爱花如爱自己""养花，可以培养我们高尚的道德情操""一个人喜欢什么花，代表着他具有什么花的品质"等等。窗台的花成了学生感受美、创意生活的一个领地。我愿意，学生也愿意，生活在一个可以随意发挥创意的班级里。

这样过了一个月左右，我偶然觉得阳台上的一盆芦荟和一盆金边吊兰蔫蔫的，没精打采。我轻轻地拨弄一下，感觉叶子要从根部断掉了。旁边的张健行说："顾老师，是他们浇水浇死的。花刚买来，大家都爱新鲜，这个同学浇了水，那个同学又来浇，芦荟的根都烂了。"我拨开一看，果真如此。我很生气，这些孩子太淘气了，必须得好好教导，不然只怕是要不了多久，这窗台便成了花的墓地了。我马上向全班同学问道："哪些同学浇水了？"看我发火了，大家低着头不敢回答。看着同学们低着的头，我想，他们应该很后

159

悔，我不应该过多地责备他们了。我沉痛地说："我也很后悔，没有提前提醒大家过度的爱等于伤害。无知会犯错，无知会带来损失。如果没有度的把握，今天浇花的行为可能会发展为一种过度、无知的行为。如果把这样只顾自己的想法、不顾别人处境的行为衍生到生活里，会带来多大的危害啊！"我和学生们推心置腹地说了我的反省后，大家都很有感触。我让学生自己想想今后怎么养好这些花。班长唐亚童建议说："让大家各自认领窗台上的花，认领的同学要负责学习养这种花的知识，把认领的花养好。这样大家不光可以增加课外知识，还可以培养责任感。"学习委员李昱荣补充说："如果谁能够把花养好，三年都生长很好的，毕业的时候，就把这盆花当作班级纪念品送给他。"这样一来，教室里一片闹腾，很多学生都举起了手，愿意成为认领者。为了提醒大家以后不犯同样的错，还让当月办黑板报的同学把"过度的爱等于伤害！""无知会犯错，无知会带来损失！"这两句话写到当月的班级格言中。

通过这件事，我领悟到：当一个集体存在各具个性的学生时，当一个集体倡导创造时，环境的宽松可能会导致学生行为的莽撞，从而犯下无知的错误，所以越是提倡个性和创造就越要有健全的制度和对待他人的责任心。第二周我组织学生开展"对自己负责，对他人负责"的主题班会，并针对学生的发言增加了班级制度的内容，把"对自己的行为负责"一条写了进去。

假期到了，窗台上的花被认领的学生抱回家，我相信，下学期开学的时候，他们抱回的一定是一棵棵蓬勃的生命。

窗台上的花，体现了学生的个性，以及精神的追求和创意的发展，表现了班级文化的多元性。这件事更让我们班级的文化增添了"对自己的行为负责，考虑他人处境"的内涵。初中生活的道路还很长，我相信，以个性、创造、责任为基本理念的多元班级文化内涵还会更加丰富。

 反思

在实施素质教育的同时,班主任将责任心、责任感的培养寓于一切活动中,使学生认识到,作为社会一员,要对自己、对集体、对社会都负责任。在平时的教育工作中,我谈得最多的一个话题就是"让我们共同呼唤学生的责任心,培养学生的责任感!"问学生最多的一个问题就是"你努力了吗?你认真了吗?"作为班主任,我在学生的人格教育中,始终贯穿的主线是"呼唤责任心,培养责任感"。班级稳定了,学生成长了,我看到了成功。责任心、责任感使学生人格得到全面健康的发展,为将来成为对社会有用的人才奠定了良好的基础。

第 45 问

学生依赖性太强，怎么办？

 **话题**

作为班主任，经常会遇到一些依赖性较强的学生，不论在学习还是生活上，他们稍遇到事情就觉得自己无法独立解决，必须依赖他人才行。虽然我也尝试着对他们进行教育、引导，但效果总不理想。因此，探讨其原因并研究其对策很有必要，这关系到我们如何教育学生成为自立、自强、自信的人。这一问题的解决要靠学校、家庭、社会等多个方面的共同努力。

怎样帮助学生克服依赖性？

在孩子成长的过程中，家长往往过分重视孩子的学习成绩，认为孩子成绩好了以后就有更好的前途。为了使孩子全心全意学习，父母可能会主动包揽孩子所有的日常生活事务，这可能导致孩子缺乏生活常识，渐渐成为依赖父母生存的"巨婴"。以下是一些克服依赖性的方法。

一、培养学生的自信心，让学生坚信"我能行"

自信心强的学生追求的目标是"既然别人能做，我也一定能做"，而自信心不足的学生更多的想法是"我从来就不能做这种事"。因此，自信心不足的学生，依赖性就强。要帮助学生克服依赖性，首先要培养学生的自信心，让学生坚信"我能行"。

二、锻炼学生的独立性,"自己的事情自己做"

学生的特点是好奇好动,一般都愿意参加一些活动。家长和老师要尽早让学生练习一些基本生活技能,如穿衣、穿鞋、擦桌子,独立完成简单的委托任务。凡是学生能够做到的,家长尽量不插手,给学生足够的时间去思考、尝试,发现自己的能力。当学生感觉自己有能力去做好某件事,他们会果断地去行动。开始,他们会出一些小问题,但经过几次锻炼,他们会处理好自己的事情。例如,一位奶奶训练她的小孙女自己收拾书包上学。有一天,她的小孙女忙得忘带水瓶了,结果渴了一天,"借"了点同学的水喝。第二天,她起床第一件事就是把水瓶装进书包里,以后也就不忘了。教育理论上称这种方法为"自然后果教育法",非常有效。

三、培养学生的主动性

举一个简单的例子。上学前的"清晨大战"几乎家家都会发生,为了赶时间,父母催得特别着急,"快起床、快穿衣服、快吃饭!"学生被逼得心慌意乱、情绪低落,还丧失了所有的主动性。反过来,教学生自己主动起床,在前一天自己拨好闹钟,学生就拥有了精神和行为上的主动性。睡眠不足,他会体会到早上爬不起来的难过滋味;起得太晚赶不上时间,他会体会到迟到的尴尬。这样他自然而然就会养成早睡早起的好习惯,成为身体健康、精力充沛的学生。更为重要的是,学生开始拥有了可贵的主动性。

四、老师和家长应成为学生的榜样

成年人都是从未成年人过来的,都知道未成年人十分注意仿效他们所喜欢、所尊敬的大人,譬如对父母、老师的一言一行,跟着学、跟着说、跟着做。有时,老师在课堂上不经意的一句话,学生可能会铭记多年。

 **反思**

　　我们要多给学生一些挑战自我、表现自我的时间和空间，唤起学生的主体意识，发展学生的主动精神，变"要我做"为"我要做"，帮助学生形成自信、自谦、自爱和朝气蓬勃的人生态度。我们做师长的，不一定在德行方面都那么完美，但考虑到我们的言行对孩子们会产生影响，我们应该自觉地注意自己的一言一行，不断提高自己的道德修养，对自己身上存在的思想行为习惯方面的毛病要"补课"，实行"自我教育"，坚决改正。

第 46 问

学生嫉妒心较强，怎么办？

 话题

嫉妒是一种自然感情，每个人心中都可能产生嫉妒。虽说嫉妒是一种可以理解的正常情绪反应，但若班主任听之任之、放任不管，学生经常带有嫉妒情绪，这种情绪会演变为人格的一部分。嫉妒心理可能导致竞争、攻击和对立，对学生的人际交往具有不良影响，甚至会妨碍学生的进步。对于嫉妒心强的学生，老师一定要做好心理疏导工作。

让学生和嫉妒说"再见"

嫉妒心过重会给学生带来极大的心理压力，甚至引发严重的心理问题，是一种十分有害的不良心理状态，既害人又害己。作为班主任，有责任科学有效地引导、调整学生的嫉妒心理，帮助他们塑造健全的人格。那么，如何有效调整学生的嫉妒心理呢？

一、自我认识法

班主任应教导学生一分为二地看待嫉妒心理，既要正视其积极因素，也要看到它的危害。一般来说，嫉妒之心很多人都有，它是人类的一种普遍情绪。但如果一个人的嫉妒心理过于严重，就会产生很大的危害。这时班主任可向学生举例说明嫉妒的危害性，如因嫉妒而残害孙膑、自取灭亡的庞涓，

因嫉妒诸葛亮反而被气死的周瑜等，让学生引以为戒。要让学生感悟到，嫉妒一个人不如将嫉妒对象的强项作为自己的努力目标，制订出切实可行的赶超计划，然后通过自身的努力一步步缩小差距。对于那些自己无法改变的东西（身高、容貌等），则要勇敢地正视它，接受它，不要自寻烦恼，更不要无端地去嫉妒别人。要引导学生正确看待别人的进步，见贤思齐，正确评价自己的优缺点，把嫉妒心理变成一种行为的驱动力，来推动自己产生更强的进取心。

二、自我调整法

调整学生的嫉妒心理，班主任只能起到辅助作用，更重要的是要教会学生自我调节、自我控制。

要教育学生学会自我安慰，永不言败。《伊索寓言》中有个著名的故事：有一只狐狸吃不到葡萄，便对自己说"那些葡萄都是酸的，我才不想吃呢！"说完径直走开了，于是便不感到苦恼忧愁。心理学家借用这则寓言，把以某种"合理化"的理由来解释事实，变恶性刺激为良性刺激，以求自我安慰的现象称为"酸葡萄"心理。青少年要不断加强修养，学会以平静客观的心境审视事态的发展，既不可因有一技之长而狂妄自大，也不可因他人胜过自己而滋生嫉妒。

教育学生对于别人的成绩和长处要心存赞许，不要总想着贬低比自己强的人，要想到别人的成功大多是靠努力得来的，自己要取得那样的成功也必须付出艰辛的劳动，蓄意贬损别人只能败坏自己的心情和声誉，于己于人毫无益处。要让学生明白对手不是仇人，嫉妒不是要强，使学生学会欣赏他人的成功，分享他人的快乐。

三、自我激励法

班主任要努力发现学生的闪光点，并及时给予肯定、鼓励与赞扬。特别是对班里那些落后的学生，更应该用"放大镜"去寻找他们湮没于问题与缺点之中的"闪光点"和细微的进步，并多给予肯定和鼓励。这样就能使他们重新点燃自尊心的火种，获得克服缺点、奋发进取的勇气和自信。班主任应和学生一起认真分析学生的长处，并鼓励他们在这方面多下功夫，取长补短，逐步树立起自信心。要让学生明白，如果总是用自己的短处与别人的长处相比，就会越比越灰心，只有走出自我的小圈子，从帮助其他同学中发现自我价值，才能消除嫉妒心理，改善人际关系。班主任发现学生有嫉妒心理时，应及时帮助其进行心理疏导，使学生的负面情绪得到及时有效的宣泄，这样才会让学生和嫉妒说"再见"！

嫉妒心强是部分学生存在的问题。这类学生看到他人的成就、优势时，内心会被嫉妒填满，这可能导致他们情绪低落、烦躁，甚至产生破坏性行为。在学习上，他们可能无法专心，影响成绩；在人际关系中，他们可能会与同学产生矛盾，变得孤立。解决这一问题，首先要让学生明白嫉妒是一种负面情绪。可以通过教育引导，使他们理解每个人都有不同的发展节奏和天赋，应尊重差异。同时，培养他们的感恩之心，让他们珍惜自己所拥有的。还要鼓励他们以积极的心态向优秀者学习，将嫉妒转化为前进的动力。学校和家庭应共同营造积极向上的氛围，帮助学生克服嫉妒心。

第 47 问

学生过于以自我为中心，怎么办？

 话题

作为班主任，经常会遇到一些过于以自我为中心的学生，不管在学习还是生活上，他们都以自己为中心，根本不考虑别人，导致慢慢地失去了朋友，别人也渐渐地不愿和他交往。我也尝试着对他们进行教育、引导，但效果总不理想。因此，探讨其原因并研究其对策很有必要，这一问题的解决，需要靠学校、家庭、社会、学生自身等多个方面的共同努力。

赏识教育化解学生的"以自我为中心"

在我接触的学生中，有些学生总想让别人听从自己，不论是择友还是参与活动，往往想把自己定位于"领导"的位置上，认为"指挥"别人才是有趣的事情。凡是这种思想倾向比较严重的学生，在家也会有同样的表现，认为全家人围绕着自己转才是理所应当的事。那么对于这些学生，该怎么办呢？

第一，不要娇惯学生。许多有自我中心倾向的孩子都是从小被家长惯出来的，孩子一出生就被当成"皇子""公主"捧着，孩子的要求父母一律照办，生怕孩子受委屈，可是家长的这种做法却为孩子的"独我"埋下了隐患。

小花是一位非常聪明可爱的孩子，家庭经济条件比较富裕，全家人对她百般呵护，对她的不合理要求也一味满足。后来孩子会说话时学会了骂人的

语言，家长也没有在意；再后来孩子与别人争吵时，家长充当了"助手"。然而这些做法让现在的小花变成了自私自利的、不讲理的"坏女孩"。造成这个悲剧的原因就是家长的娇惯，可见对孩子从小过分的娇惯是孩子"独我"心理产生的主要原因之一。在转变学生的这种思想倾向时，要给学生一段充足的时间，允许反复现象的出现，老师要表现出更多的耐心与毅力。

第二，让学生多参加社会活动。现在不论是学校还是社会上的青少年机构，都能够组织丰富多彩的富有教育意义的活动，家长要充分利用节假日让孩子参与其中，通过与同龄人的交流，提高社交能力，懂得更多的社交礼节。例如：军事训练营可以培养孩子吃苦耐劳、乐观向上的奋斗精神，科技制作训练可以培养孩子细中求精、乐于探索的科学精神，亲子活动可以培养孩子孝敬父母、懂得尊重的感恩情怀，团队活动可以培养孩子团结协作、乐于奉献的集体观念等。让学生多参加这种活动，可以提升学生的人文素养，进而改变学生的很多不良思想倾向及习惯。

第三，针对具体的表现要及时鼓励与批评。现在呼吁的"鼓励教育"的确可以从某种程度上增进学生的自信心、自尊心，但是过度的表扬就是对学生的不负责任，是一种不完整的教育。

举个教学中的事例。在某节语文课小结时，老师提出了"本课的主要内容是什么？"的问题，很多学生跃跃欲试，回答得也相当不错。可是最后一位同学说得"驴唇不对马嘴"，而这位老师却说他回答得有特色。若如此回答也被表扬，孩子未来会被引向何处就成未知数了。类似这样的事情不知在你的家庭教育中是否出现过？不论是否出现过，我们家长都应该在孩子做对时大力表扬，做错时给予批评，让孩子明白对错的标准，知道是非的界限。

以自我为中心是人们思想追求的一种表现倾向，它本身没有对错之分。适当、恰当的自我表现不仅有利于孩子人格的健康发展，而且有利于事情的顺利开展，但是过度的、不分场合的"自我"就是不良的表现。而班主任需要做这个"度"的指导者、引领者，教导学生扬长避短，改善人际交往表现。

第 48 问

学生缺乏吃苦耐劳精神，怎么办？

吃苦耐劳是中华民族的光荣传统。但值得我们深思的是，如今的学生大多从小就生长在"温室"里，大多过着"衣来伸手，饭来张口"、衣食无忧的生活，大多不懂得生活的甘苦，没有经受人生的磨难。如今，培养学生的吃苦耐劳精神已成为当务之急、重中之重。

培养学生吃苦耐劳精神的"四部曲"

利用班级、学校活动创造一种人人都应吃苦耐劳的氛围，在班级活动中激励学生多参与一些力所能及的劳动，在活动中要乐于吃苦，在面对学习、生活、劳动、体育锻炼中的困难时，勇于自我挑战，敢于吃苦。具体途径如下：

1. 在军训中培养学生的吃苦耐劳精神

军训的日子虽苦，却像咖啡一样可以品尝出浓浓的滋味。军训的内容与强度以能让学生接受并深刻体会、学习到坚持与吃苦的毅力为佳，时间安排上建议 15 至 20 天。军训期间严格要求，鼓励学生都坚持下来，磨炼其意志，增强其吃苦的毅力。

2. 在学习中培养学生的吃苦耐劳精神

学习是需要吃苦的，学生有吃苦耐劳精神是提高学习成绩的前提。因此，我校十分重视培养学生的吃苦耐劳精神。我们的具体做法是：首先，教育学生树立远大的学习目标，懂得学习的重要性；其次，通过情感教育，激发学生的学习兴趣，增强学生的学习内驱力；再次，培养学生勤奋刻苦、持之以恒的学习毅力；最后，从学生认真听讲、认真完成作业等小事抓起，培养学生良好的学习习惯。

3. 在体育课中培养学生的吃苦耐劳精神

体育教学环境在室外，上课时风吹日晒，尤其是在炎热的夏天和寒冷的冬天，学生要经受大自然的考验；而运动技术技能的学习，要经过反复练习才能掌握，学生要承受身体的疲劳与肌肉的酸痛。这些对于培养学生坚强的毅力、吃苦耐劳的精神无疑是最好的实践与锻炼。

4. 在日常行为习惯中培养学生的吃苦耐劳精神

俗话说："行为形成习惯，习惯形成性格，性格决定人生。"学生养成良好的品德和性格，需从培养良好的行为习惯做起。吃苦耐劳精神的培养也是如此。学校为了营造良好的教育氛围，开展了形式各样的吃苦耐劳精神主题教育活动和卫生评比活动，以基础生活和劳动习惯为突破口，努力增强学生的劳动观念，培养其吃苦耐劳精神。

总之，在探索培养学生的吃苦耐劳精神时，我们应该胆大心细地进行实践，在全校形成一种良好的教育氛围，更好地促进班风、学风、校风等的营造，促进学校的德育工作不断创新和发展。

吃苦是一种独特的内心体验，会拓宽、加深孩子对自己情感的认知和体会。吃过苦的孩子知道陷在困苦中的感受，知道从困苦中走出来需要什么样的努力，也体验过走出困苦后内心的愉悦。当孩子有了丰富的内心体验，他就更容易对周围人的境遇感同身受，也更容易共情别人。看到别人深陷困顿，他更可能去理解或援助；看到别人开心顺利，他更可能心生欢喜和祝福；得到别人的关爱，他更可能心存感恩。说到底，吃点苦能让孩子丰富体验，内心柔软，建立更为和谐真挚的人际关系。

第 49 问

学生自我保护意识差，怎么办？

 话题

学生在一天一天长大，接触社会、接触他人的机会越来越多，自己独立处理事情的机会也越来越多，这就需要培养他们分析判断人和事物的能力。但从现状看，许多学生的自我保护意识和能力非常欠缺。近年来，校园内安全事故频发，除部分客观因素外，学生自我保护意识的缺乏是一个主要原因。作为班主任，保障学生的生命安全和身心健康是首要任务，但如何才能有效提高学生的自我保护意识呢？

利用主题班会，提升学生自我保护意识

增强学生的自我安全保护意识，不仅可以有效保护学生的生命安全和身心健康，还能促进学校、家庭的和谐稳定，更能使学生养成良好的行为习惯，为其日后发展奠定基础。班主任可以通过主题班会这一平台，有效地提高学生的自我保护意识。

一、遵守规则，从我做起

作为班主任，对学生进行安全教育必不可少，要将其渗透到日常的学习、生活中。班主任每周至少召开一次不少于 10 分钟的安全教育主题班会，形式可以多种多样：或是利用学校的安全教育平台播放视频，或是使用 PPT 进行

第49问 学生自我保护意识差，怎么办？

讲解，或是让学生以小组合作的形式讨论一些安全问题。班主任强调在学校要注意安全，主要包括：饮食安全，如不食用三无食品、过期食品、冰冷食物；消防安全，如不拿打火机进校园；人身安全，如不带管制刀具进学校等；用电安全，如不拿湿手接触开关插座，不用金属体试探插座等；校内交通安全，如上下楼梯靠右行，不打闹，不搂抱，不滑护栏等；校外交通安全，如过马路走人行横道，不满16周岁不骑电动车、摩托车，乘坐公交车时不将手臂伸出车外等。经过这一节节丰富多彩的安全教育课，很多学生变得乐于按照这些规则去学习、生活了，渐渐地从规则约束"我"到"我"自觉遵守规则。学生享受到了遵守规则带来的诸多好处，并且也带动周边的人一起遵守规则。

二、文明上网，谨慎交友

在网络时代，学生的社会交往中有一部分属于网络交往。由于网络的虚拟性，很多学生认识不到其中存在的危险，很容易受到伤害。我组织学生举行了一次"文明上网，安全上网"的主题班会，带领学生讨论如何在网上文明发言，确定了"六不条约"——不指桑骂槐，不含沙射影，不人云亦云，不添油加醋，不疑神疑鬼，不随波逐流。另外，对不清楚、不了解、道听途说的事情不跟帖、不转发；发言不给别人留话柄，跟帖不让别人钻空子。结合网上经常报道的"被网友骗财、骗色，甚至受到人身伤害"等真实事件，唤醒学生的自我保护意识，让学生理性、谨慎交友，防患于未然。

三、面对欺凌，学会自救

我们不可能完全排除校内外发生学生欺凌事件的可能性，因此要教会学生在遇到欺凌时，如何进行自护、自救。

及时应对：尽量保持冷静，避免激怒欺凌者，因为这可能会让情况变得更糟；大声表明自己的态度，如"你不能这样对我，这是欺凌行为"，引起旁人注意。

离开现场：找机会尽快离开欺凌发生的地点。如果在教室、走廊，快速跑向安全的地方，像教师办公室、保安室等。

寻求帮助：向周围的人求助，比如老师、学校工作人员或者其他可靠的成年人。如果是在学校外，就找警察或者附近店铺的工作人员，也可以通过电话向家人、朋友求助。

保留证据：在保证自身安全的前提下，用手机拍照或者录像记录欺凌过程，记住欺凌者的外貌、穿着、口音等细节。

 反思

青少年正处于长身体、长知识的重要时期，他们身心尚未成熟，社会经验不足。而由于生活环境复杂，存在不少不利于青少年成长的因素，侵犯青少年合法权益和损害青少年身心健康的现象经常发生。青少年在面对危险时往往处于被动地位而受到侵害，必须加强自我保护的意识和能力。班主任也应该引导学生提高自我保护意识，加强自护自救教育，切实为学生安全提供有力的保障。

第四节　学生行为习惯的培养

第 50 问

班里总有学生做事磨蹭，怎么办？

磨蹭不是一种良好的行为习惯，它不利于提高学生的学习效率，也不利于培养学生的快速反应能力和思维的敏捷性。这种行为往往会使学生在激烈的学习竞争中处于不利位置，以后也很难适应快节奏的现代社会。如何帮助学生克服这一缺点，养成做事专注、麻利的好习惯，是我一直思考并迫切想解决的难题。在实践中，我有以下几点做法和大家分享。

改变学生"磨蹭"行为的几点做法

一、格言法

要使学生从思想上真正认识到"磨蹭"的危害，朗朗上口的格言会起到随时从记忆库中跳出来指导行为的作用。对于"磨蹭"的学生，我选择了这样一条格言："磨蹭，简单的事会变得复杂；磨蹭，复杂的事会变得不可能。"学生很感兴趣，念了两遍就背熟了，随后的时间里每遇到"磨蹭"的现象，这句警示的话就像闹钟一样，提示"磨蹭"的学生抓紧时间做事。

二、体验法

结合学习生活，加深对"磨蹭"危害的理解。有些学生往往在面临紧迫的截止时间时才会采取行动。例如，限时完成某项学习任务，布置时明确提交的时间，如果"磨蹭"，在本来足够的时间内说了闲话，做了闲事，或生了闲思，那么本来简单的事就变得复杂，学习任务就不可能按时完成了。放学时仍没完成任务的学生被留下来，找到自己"磨蹭"的原因，并完成任务，明确努力方向才可离去。这样训练，学生就会逐渐养成一气呵成、用心完成任务的好习惯。

三、榜样法

把动作利索、远离"三闲"（闲话、闲事、闲思）的学生树立成榜样，让其他同学看看他们是怎么做的，听取他们"不拖延"的秘诀。这样的氛围一旦形成，连写作业随便说话的问题也能一并解决了。

 反思

面对学生做事磨蹭的问题，可以先试着了解他们磨蹭的原因，然后采取相应的措施。例如，可以设置一些奖励机制，激励学生提高效率；或者开展一些时间管理的小活动，教给他们一些实用的方法。班主任自己也要以身作则，做事不拖拉，为学生树立良好的榜样。

第 51 问

班里总有学生乱花钱，怎么办？

班里总有学生缺乏理财意识，随意挥霍零花钱，购买不必要的物品，其原因有以下几点：部分学生可能存在攀比心理，为了显示自己的地位或满足虚荣心，盲目消费；部分学生对金钱的概念模糊，缺乏正确的消费观和价值观。乱花钱可能导致学生之间产生矛盾，如因借钱不还等问题引发争执；长期乱花钱还可能影响学生的学习和生活，使学生陷入经济困境，甚至产生不良行为。这些问题需要班主任和家长共同关注和引导，帮助学生树立正确的消费观和价值观。

勤俭持家，从我做起

在当今社会，随着生活水平的不断提高，学生手中的零花钱也越来越多。然而，不少学生缺乏正确的消费观念，花钱如流水，养成了乱花钱的坏习惯。作为老师，我们有责任和义务帮助学生树立正确的金钱观，让学生学会合理支配自己的零花钱。

去年，我发现班上学生乱花钱的现象非常严重。为了帮助学生养成良好的消费习惯，我决定从源头上解决问题。我首先组织了一次家庭调查，让学生记录自己家庭成员的需求和消费情况。通过调查，我发现很多学生的消费观念存在误区，认为只要是自己喜欢的东西就可以随意购买，而不考虑实际需要和家庭经济状况。

针对这种情况，我开展了一次主题班会。我以"勤俭持家，从我做起"为主题，通过案例分享和互动讨论，引导学生认识到乱花钱的危害。在班会上，我展示了这样一个案例：小明是八年级的学生，每个月父母都会给他一定的零花钱。然而，小明毫无理财意识，零花钱往往不到半个月就被他花光。而他也因此经常向同学借钱，导致学习和生活都受到了严重影响。

为了让学生更直观地感受到挣钱的不易，我组织了一次模拟实践活动。我让学生扮演家长角色，给他们一定的虚拟资金，让他们在虚拟超市中购买家庭所需物品。学生在购物过程中需要考虑物品的价格、实际需要和家庭经济状况。通过这次活动，学生深刻体会到了挣钱的辛苦和合理花钱的重要性。

我还鼓励学生学会记账，培养理财意识。我让每个学生准备一个记账本，记录自己每天的消费情况。每周末，我会组织学生交流自己的记账情况，分析哪些钱花得合理，哪些钱花得不合理。通过这种方式，学生逐渐养成了理性消费的习惯，学会了把钱花在该花的地方。

此外，我还注重与家长的配合。我通过家长会、微信群等方式，向家长宣传正确的教育观念，建议家长以身作则，勤俭节约，不乱花钱。同时，我建议家长控制孩子的零花钱，引导孩子合理消费。

在我们的努力下，班上的学生逐渐改掉了乱花钱的坏习惯，养成了勤俭节约的好品质。他们学会了合理支配自己的零花钱，把钱花在了学习、生活等有意义的事情上。这不仅提高了学生的自我管理能力，也为他们未来的生活奠定了坚实的基础。

反思

学生养成良好的消费习惯需要老师、家长和他们自身的共同努力。老师要通过生动的案例和实践活动，引导学生树立正确的消费观念；家长要以身作则，为孩子树立良好的榜样；学生要积极参与，学会理性消费。只有这样，才能帮助学生养成良好的消费习惯，成为有责任感、有担当的人。

第 52 问

遇到爱撒谎的学生，怎么办？

撒谎，无论是善意的谎言还是有意为之，在很多人眼中，都是一种不良行为。有些学生迟到了，旷课了，或是没写作业，就编出各种理由搪塞老师，以图蒙混过关。这类情况我们平时在班级管理中的确经常遇到。当我们询问事实情况时，学生态度坚决诚恳，令老师无法辨别真伪；只有把事实呈现在他面前时，他才低头认错。学生出现了撒谎行为，对老师来说是一件困难且富有挑战的事情，在感到生气的同时也会困惑：好好的一个孩子，怎么就突然学会撒谎了呢？

改掉说谎的毛病

教师在长期的教学工作中，会接触到各种各样的学生违纪现象，比如打架、迟到、旷课以及由此引发的说谎问题等等。其中，学生说谎是每一位教师都经常碰到且最为头疼的问题。遇到这种现象，如何对其开展思想教育，使其戒掉"说谎瘾"，方法就显得至关重要。我在教学中就碰到过这样的违纪学生和这样的教育案例。

王老师班上有个学生叫小辉，平时比较调皮捣蛋。有一次，班级里的图书角少了一本很受欢迎的书。王老师询问同学们有没有看到这本书，小辉立刻说自己没拿过。但后来有其他同学告诉王老师，看到小辉在图书角附近鬼鬼祟祟的，还把一本书快速塞进了书包。

王老师把小辉叫到办公室，轻声问他："小辉，老师知道你是个诚实的孩子。图书角的那本书是不是你拿了呀？"小辉眼神闪烁，坚决地说："老师，不是我拿的。"王老师没有生气，而是耐心地说："小辉，如果是你拿了书，没关系的，可能你只是很喜欢，想先看看。但是如果你不承认的话，老师会很失望哦。"小辉沉默了一会儿，还是不承认。

王老师决定换个方法。她对小辉说："小辉，老师相信你不是故意拿书的。这样吧，我们一起在教室里找找看，说不定书掉在哪个角落里了呢。"在找书的过程中，王老师故意在小辉的座位附近停留了一下，然后假装很惊讶地说："哎呀，这是什么？原来是那本书呀！"小辉的脸一下子红了。

王老师拿起书，看着小辉说："小辉，老师知道你一定是太喜欢这本书了，所以才会这样做。但是撒谎可不是一个好习惯哦。如果你想看什么书，可以跟老师说，老师会帮你借或者买。以后可不能再撒谎了，好吗？"小辉羞愧地低下了头，说："老师，我知道错了，我以后不会再撒谎了。"

从那以后，小辉真的改变了很多，遇到问题也会主动跟王老师说实话。王老师用理解和引导成功地帮助小辉改掉了爱撒谎的毛病。

一位教育同行曾说过："教育无小事，事事有教育。"通过"戒谎"这件事，我真切地感受到这句话说得太好了。我们教师就应该从小事抓起，抓好了一件件小事，才能使学生学会怎样更好地学习，乃至做人。

 反思

面对孩子撒谎，老师一顿斥责，孩子以后不但不会再对你"袒露心扉"，还会说更多的谎言。反之，老师给予了孩子尊重，孩子才能真正对老师打开心门，改正自己的不良行为。在教育孩子时，老师需要明白：能好言好语，尽量避免怒目相对。

第 53 问
发现个别学生有"早恋"现象时,怎么办?

"早恋"是中学生面临的一个严重问题。有人说:"一到了青春期,人们便抱有爱与被爱的急切欲望。"的确,处于青春期的中学生,对爱的渴望像春风一样在心中荡漾,会对异性产生好感和爱慕。于是,当理智控制不了其感情的时候,他们就会千方百计向爱慕对象"发射丘比特之箭"。这样,就会使正常的同学交往出现尴尬的局面。因此,我们作为班主任,要教导中学生在与异性交往时注意把握"度"。

把握与异性交往的"度"

中学生"早恋",对于班主任和家长来说是一个十分棘手的问题,在班级管理中,也是令班主任最头痛的事情之一。"早恋",就是过早地恋爱,是一种失控的行为。事实上"早恋"是学生在青春期的一种人生观、价值观的暂时迷失,是一种不规范的、具有反叛性的思想和心理表现。导致这种心理和行为的原因是多方面的,社会的不良影响、家庭教育不及时、班级管理不到位,都能引起学生"早恋"。通常中学生出现"早恋"的原因有四种:因得不到家庭的温暖而"早恋";因从众、好奇心而"早恋";因模仿成人生活而"早恋";因被别人误解而"早恋"。学生一旦"早恋",很难教育和疏导,处理不当会导致一系列不良后果。那班主任应该如何正确处理中学生的"早恋"现象呢？

一、尊重关心，正面疏导

对于"早恋"的学生，绝对不能加以歧视，要理解、尊重他们的感情，在理解的基础上赢得他们的信任，以关怀爱护的态度亲近他们、帮助他们。有的班主任视学生"早恋"为"大逆不道"，一旦发现哪个学生有"早恋"行为就采取"紧急措施"，如不点名却实有所指的暗示批评、限期断交等等，甚至斥之为"作风不正派""思想品质不好"，或用讥讽挖苦的语言当众羞辱学生，或向家长告状，借家长之手严加管教。这种简单粗暴的处理办法，极大地伤害了学生的自尊心，使正陷入"早恋"迷途的学生感到压抑和苦闷。

班主任在发现学生有"早恋"迹象，或经过认真观察确认学生在"早恋"时，一般不要急于处理，而先要冷静地进行一番分析，根据学生的性格特点，考虑教育帮助的方案。应避开众人，个别谈心施教，尊重学生的隐私，严格保守秘密。或者及时和家长取得联系，并说服家长教育孩子时不斥责、辱骂，使家长和孩子之间心心相融、互相信任理解。

二、晓之以理，动之以情

对"早恋"学生不能粗暴干涉、强行拆散，也不能居高临下、严词训斥。班主任应成为学生生活道路的引路人，以平等的态度，以朋友和"参谋"的身份，晓以利害，喻以事理，帮助他们处理好关系，因为这关系到他们的终身幸福。由于中学生的自我克制能力较差，在通过说服教育，使学生心悦诚服的前提下，班主任可帮助学生制订自我约束的守则，并督促他们自觉地履行守则。我班有两个男女同学经常在一起，关系比较密切，他们上课精神恍惚，学习成绩直线下降。我发现后找他们谈心，了解了他们之间的关系。我答应他们暂时不告诉家长，同时向他们提出必须遵守的两项规定：一是要保持正常交往；二是要把精力放到学习上。这两位同学遵守了规定，他们逐渐理智地认识到自己的"恋爱"的确有问题。其实，不是他们自身有问题，而是恋爱的时间不对。结果，他们之间的关系慢慢就变成了正常的同学交往。

三、信任代替批评，处理方法得当

以情动人，引导学生正确看待早恋。一旦发生"早恋"现象，班主任需要以更加细腻和智慧的方式去处理，既要尊重学生的感情，又要引导他们正确看待早恋，帮助他们回归正常的成长轨道。

班里有个男生张某某，平时性格开朗，学习成绩也不错。但有一段时间，他情绪低落，上课无精打采，班级活动也不积极参加，成绩也下滑得厉害。经过观察和了解，我发现他可能陷入了"早恋"。我多次找他谈心，但他始终不肯透露女生是谁，只是保证会自己处理好。我意识到，直接干预可能会适得其反，于是决定换一种方式。我邀请他参加学校的心理健康讲座，讲座的主题是"青春期的友情与爱情"，通过专家的讲解，让他明白早恋的利弊。讲座结束后，我单独和他交流，问他听完讲座后的感受。他沉默了一会儿，说："老师，我知道早恋可能会耽误学习，但我真的控制不住自己的感情。"我理解他的困惑，于是告诉他："感情是美好的，但青春期的感情就像一颗青涩的果实，需要时间去成熟。你现在最重要的任务是学习，等你长大后，会有更多的时间和机会去经营感情。如果你现在把精力都放在早恋上，可能会错过很多重要的东西。"我还和他一起制订了学习计划，帮助他找回学习的信心和动力。同时，我密切关注他的情绪变化，经常和他谈心，鼓励他多参加班级活动，结交更多的朋友。经过一段时间的努力，他逐渐走出了早恋的困惑，重新投入到学习中，成绩也有了明显的提升。

四、让学生树立正确的人生目标

为了让学生树立正确的人生目标，我利用班会课时间开展"我的理想"演讲活动，让每个学生上讲台脱稿演讲。既给学生一个展示自我、张扬个性、畅谈自己理想的机会，又激发了学生的自信心，营造了一种积极向上的班级氛围，也培养了学生的演说能力。通过演讲，班里同学表达了各自的理想，有的想当厨师，有的想当工程师，有的想当记者……我引导他们思考，为了实现自己的理想和抱负，现在应当如何去努力。然后，让学生把自己的理想目标写下来，贴在了教室的理想专栏中，以示激励。

五、加强学生的日常行为教育，构建和谐的班集体

所谓的日常行为教育，就是规范学生的行为习惯，训练学生养成严格守纪的好习惯，努力为班级营造一种以遵守纪律为荣、以违反纪律为耻的班级氛围。如果从学生进入七年级就开始加强这方面的教育工作，班级管理相对比较严格，学生的日常行为比较规范，他们就会有积极向上的人生观、价值观，在内心对"早恋"之类的不良行为形成一定的抵制力。在一个班风良好的班集体里，"早恋"的发生概率会大大地降低。

六、开展班级文体活动，引导学生树立正确的交友观

人都需要归属感，学生也是一样。在班级里开展多种多样的文体活动，既能让学生放松心情，活跃班级气氛，又能让学生在娱乐过程中展示自己的才能，张扬个性。在学校的各项活动中，尤其是文艺节目演出活动中，我安排男女生共同参与舞蹈等节目。这些丰富多彩的活动给男女同学提供了公开的、积极的交往机会和空间，满足了学生的交流欲望。同时，在活动中，学生的特长和能力得到发挥，受到老师和同学们的赞誉，内心的荣誉感、归属感得到很大的满足。这些都有利于他们形成积极乐观向上的心理状态，与异性同学正常交往。青春期的孩子情感丰富，精力充沛，对异性同学有好感，会产生深入交往的愿望，这是一种正常的心理，如果长期压抑，反倒会导致学生形成不正常的异性交往心理。所以应多开展班级文体活动，鼓励男女生共同参与，使他们树立正确的交友观。

七、要让学生认识到"早恋"的危害，用理智来战胜不成熟的感情

学生一旦"坠入情网"，往往难以克制自己的情感冲动。只要彼此表达了爱慕之情，便立即亲密地交往起来，占去不少学习时间，分散精力，严重影响学习和进步。他们只在乎心理和精神上暂时的享受，不在乎"早恋"所产生的不良后果，从而导致一系列不良行为的产生。所以要让学生认识到

"早恋"的危害，从而用理智来战胜不成熟的感情。

"早恋"会有好处吗？爱需要学习，爱需要能力，中学生是做不到的。与其匆匆"步入爱河"，不如静静等待成长。人生每个阶段都有不同的使命，千万不要在春天就去挥霍夏天。花季的情感是一种美好的情感，我们要让情感的波涛化为理想的浪花。

八、开好"拒绝早恋，远离早恋"主题班会

我曾经听过一位专家的报告，是关于学生"早恋"的案例。他就学生"早恋"问题专门开了一次班会，主要内容是借助李琛的《窗外》这首歌曲对学生进行心灵的洗礼。我上网查阅了大量的资料，经过精心整理，加上那位专家的案例，制作了"拒绝早恋，远离早恋"的主题班会课件。课件主要内容有：青春期的特点、不能早恋的原因、早恋的危害、如何避免早恋以及处理早恋问题的案例。在班会课上，我让学生观看了课件，最后让他们听了李琛的《窗外》，用心体会歌词的内涵。"悄悄地爱过你这么多年，明天我就要离开……再见了心爱的梦中女孩，我将要去远方寻找未来，假如我有一天荣归故里，再到你窗外诉说情怀……"在这优美的歌声中，学生都若有所思。

整节课上，学生有的好奇，有的害羞，有的认真思考，有的展开了紧锁的眉头……我觉得班会课达到了预期的效果。可同时我也在思考，"早恋"问题真的仅仅通过这一节班会课就能解决吗？以后还要多开展这样的班会活动，对他们进行心理辅导，做到警钟长鸣。

九、争取家长的积极配合，共同做好学生的思想工作

引导家长从七年级起，就努力配合班主任做好孩子各方面的教育工作，尤其是培养孩子积极、健康、向上的心态，正确的人生观、价值观，努力为孩子创造一种宽松、健康、积极、文明、向上的家庭氛围。

事实证明，许多孩子之所以"早恋"都与家庭环境有关。我班的某同学之所以有"早恋"行为，就是因为其父母长期吵架、闹离婚，她在内心极度痛苦压抑的情况下，向有好感的男生倾诉，时间长了两人就有了"早恋"倾

向。我多次劝说他们要处理好关系，不要影响到学习，用了好多方法做思想工作，但效果甚微，他们已深陷其中而不能自拔。而这名男生的父母一贯比较放纵孩子，平时也不怎么管教他。我曾经因为他老爱上网聊天的事多次与其父母沟通，他们都不配合。可没想到该学生在上网的过程中，由于没有家长的监控、指导，不由自主地接受了一些不良思想，本来就意志力不太强的他，不仅产生"早恋"心理，而且对家长和老师的教育极度地反感和叛逆。最后，男生的父母不得不采取"隔离"法，为他转学，才中断了他们的密切交往。

 反思

"早恋"是青春期学生正常的心理倾向，预防"早恋"是家庭、学校教育的一大难题，需要班主任长期不懈地努力去做好学生的思想及心理辅导工作。班主任从七年级起就要和家长建立密切的联系，及时了解学生的心理，避免他们过早涉足恋爱，保证他们健康成长。

第 54 问　面对追星的学生，怎么办？

追星在当今社会越来越成为一种普遍现象。尤其是处在青春期的青少年，尚未形成完善的世界观、人生观和价值观，这时候比较容易出现对明星的崇拜。"崇拜偶像"是青春期孩子的心理特征之一，合理适当地追星是有利于学生人格的完善和学习的进步的。但是青少年自我调控能力比较弱，他们往往把握不好追星的"度"，所以会出现疯狂追星、盲目追星等情况，这会对学生以及家庭产生不良影响。有些学生把偶像作为自己的精神寄托，整日沉迷其中，上课时难以集中精力，降低了学习的效率和兴趣，出现成绩下滑的情况。作为班主任，要重视这个问题，探讨其原因并研究其对策，这关系到我们的教育如何培养全面发展的人。

与学生一起"追星"

近期，我发现班里有很多学生非常喜欢追星。他们有的把明星的照片贴在课本上，有的把明星海报贴在课桌上，一下课就三五成群地讨论明星，有的甚至还会在自习课上偷偷听明星的歌。

我担心这种追星行为会影响到他们的学习和生活，特意在班会上三令五申："不许在课本上贴明星照片，不许在自习课上听歌。"可没过几天，学生又恢复了以往的样子。我开始思考：是我思想落后了吗？还是缺乏与学生交流的共同语言了？为了努力使自己跟学生接近，我开始接触学生喜欢的歌曲，了解他们喜欢的明星。通过了解我才发现，原来大多数歌星、影星都是凭借实力，在激烈的竞争中，经过执着的奋斗才取得现在的成功。

了解这些情况后，我想，既然学生这么喜欢明星，不如让他们从这些明星身上汲取正能量，从而激发他们向榜样学习的动力，争取在学习上勇攀高峰。

我决定在周会课上举行一次关于追星的主题班会——"谈谈你所崇拜的明星"。在班会上，同学们根据自己搜集的明星资料，积极踊跃发言，并展开激烈讨论。我适时地穿插了他们喜欢的明星的一些故事。学生见我对他们喜欢的明星都了如指掌，非常意外，也开始乐于和我讨论追星的事情了。而我也可以更好地引导学生，让他们理解明星成功背后的努力，激励学生学习明星的奋斗精神，为自己的成功而努力。这次主题班会的召开，使学生开始理智地追星了，而前面出现的问题也慢慢消失了。

对待学生的追星问题，许多班主任都持反对态度，甚至明令禁止学生追星。其实这些观念和做法不利于班主任和学生的沟通，反而让学生在心理上和老师拉开了距离。在处理学生追星的问题上，班主任可以试着"参与"学生的追星活动，充分了解学生所崇拜的明星的具体情况，并进行有的放矢的引导，让学生心服口服。学生往往很难理性、客观地看待自己喜欢的明星，班主任绝对不要直接否定他，而要表明自己和他一样喜欢这个明星，并引导学生学习偶像优秀的品质。当班主任和学生心灵之间的距离拉近时，任何矛盾和问题都会迎刃而解了。

 反思

教师只要了解学生的追星心理，采取正确的引导方式，就可以借此激励学生成为更好的自己。面对"追星族"，不应盲目制止他们的追星行为，而

第 54 问　面对追星的学生，怎么办？

应因势利导。要了解班级"追星族"的数量、他们追的星是哪类人，分析明星身上令人喜欢或崇拜的优点，让学生讨论"追星的利与弊""我崇拜明星的原因"等热点问题。教师要对明星作出正确的评价，引导学生不要盲目崇拜。另外，我们要适当开展丰富多彩的课外活动，多宣传介绍科学界和文学界等不同领域的一些名人，把学生从狭隘的"追星"引到美好广阔的知识天地中，让他们认识到生活中不仅有影视明星，还有科技之星、技术之星等，帮助他们树立远大理想，培养宽广胸怀。

新时代 班主任的必备素养——做有智慧的引路人

第 55 问

学生学习习惯不好，怎么办？

 话题

在教学工作中，教师常常会碰到学习习惯不佳的学生。这些学生在课堂听讲、作业完成以及知识巩固等方面，都存在各种各样的问题，极大地影响了他们的学习效果。尽管教师们尝试了多种方法进行纠正与引导，但往往难以取得理想成效。深入分析这些不良学习习惯形成的原因，并探索行之有效的解决办法，对提高学生学习质量、促进学生全面发展至关重要。解决这一问题，需要学校、家庭以及学生自身多方面共同努力。

"我喜欢"的伤害

走过炎炎夏季，新学期在凉爽的秋日里开始。依学校安排，我担任九年级（10）班的语文老师兼班主任。按照惯例，我要尽快地熟悉和了解学生。在认识学生的过程中，学生冯翔很快引起了我的注意：这是一个活泼开朗的男孩，爱说爱笑，下课后总喜欢到我的跟前，跟我聊天或者帮我做事情。作为老师，我自然喜欢这样的学生，也很自然地，我在全班学生面前屡次表扬冯翔"热心为班级服务，是我喜欢的学生"。然而，随着时间的流逝，我逐渐发现了冯翔身上越来越多的缺点：好动、粗心、马虎、浮躁……

冯翔上课经常不认真听讲。语文课刚上没有十分钟，冯翔已经跟同桌讲起了悄悄话；在我提醒批评后，他安分没十分钟就又开始在椅子上左摇右晃

做小动作。冯翔还有急躁、粗心的毛病。每次的语文家庭作业,他总是能按时交上来,但就是没按照要求完成,偷工减料。我要求他把作业写完整,他每次都答应得很好,可是交上来的作业依然是我行我素。

有一次,我终于压制不住自己的火气,大声斥责道:"冯翔,你也知道,顾老师之前很喜欢你,因为你活泼开朗,热心服务班级。可是现在,顾老师不喜欢你!因为你粗心浮躁又太好动。你看看你自己,每次作业都做不完整,哪个学生像你一样?你回去好好反思,顾老师不喜欢现在的你!"

被我劈头盖脸训斥的冯翔,低着头回到了座位。在之后的一周里,冯翔果然"安分"了不少:上课时讲话、做小动作的次数少了,语文作业也比以前好了很多。被批评后的冯翔,下课时也不敢到我面前和我开心地聊天了。

以后的日子里,冯翔渐渐地变了,他不会再到我身边跟我聊天或者帮我抱作业本。冯翔终于按照我的要求变成了一个"我喜欢"的学生,而我也终于失去了一个"喜欢我"的学生。

回过头来想想,我对冯翔的"成功教育"是多么地残忍和狭隘。作为教师,我们常常自诩爱学生,而当我们告诉学生"我喜欢那样的你而不喜欢这样的你"的时候,当我们以此为诱惑甚至是威胁,让学生按照我们喜欢的方式去成长时,其实这不仅不是爱,甚至还是一种伤害!作为教师,只有给予学生无条件的接纳和爱,才能唤醒学生的尊严和价值,让学生为实现自我价值而勇往直前。

这学期已临近结束,下学期一开学,我一定会微笑着对冯翔说:"孩子,你慢慢来,我相信你,因为你是顾老师喜欢的学生。"

中学阶段,青少年的内心敏感且脆弱,他们渴望得到老师持续的认可与接纳。作为教师,我们要对学生耐心培养。就像在课堂上,面对好动的学生,不应只是斥责,而应思考如何引导他们合理释放精力;面对粗心的作业,不应单纯批评,而是帮助他们找到克服粗心的方法。只有让学生感受到无论表现如何,老师的关爱始终如一,他们才会在安全、信任的环境中,勇敢面对自身不足,努力实现自我价值。

第 56 问

学生不爱参加体育活动，怎么办？

在校园里，体育课似乎渐渐沦为被遗忘的角落。每当上体育课时，总有学生找借口躲避，课堂上也常呈现出"消极怠工"的状态。究竟是什么让学生对体育活动失去了热爱？

繁重的学业负担是重要因素。堆积如山的作业、频繁的考试，让学生的课余时间被压榨殆尽。他们整日埋头于书本与试卷之间，体育活动成为了遥不可及的奢望。对于他们而言，在题海中争分夺秒，似乎远比在操场上挥洒汗水更为重要。"体育锻炼？哪有时间啊，我还有好几套试卷没做呢。"这无奈的心声，道出了无数学生的现状。

有效地转化"体育后进生"

班主任应该培养"体育后进生"的自信心，经常去关心他们，使他们在体育品德和运动能力等方面协调发展。对他们的心理特征及行为表现进行了解，具体问题具体分析，因材施教；为他们创造良好的学习环境，并给他们提供锻炼和表现的机会，经常给予他们鼓励，只有这样才能有效地转化"体育后进生"。

一、加强学习目的的教育，激发学生对体育的兴趣

体育是学校教育的重要内容之一，是全面实施素质教育必不可少的一个重要方面。进行学习目的的教育要与学生的思想实际、理想前途、人生价值、社会发展等联系起来。只有当学生的兴趣与其理想、目标一致时，才能促进兴趣的不断发展，进而推动学生全面发展。要利用各种教育手段和形式，帮助学生认识体育对人的直接作用：强筋骨、增知识、调感情、强意志。促进他们对体育的向往和亲近，使他们在身体活动中领悟体育"美丽""正气""勇气""荣誉""乐趣""沃土""进步""和平"的真谛，从而从内心深处萌发出对体育由衷的喜爱。

二、合理安排教学内容，提高学生的学习兴趣

在一节体育课中，教学内容的合理搭配对提高学生的学习兴趣有相当大的作用。符合学生年龄特征的、富有游戏性和竞赛性的教学内容，能激发学生学习的积极性。实践证明，学生对球类运动的兴趣远远超过其他项目，而这类运动又能充分表现出每个学生的个性，对发展学生灵敏、协调、弹跳、速度、力量等各项身体素质，培养学生集体主义精神，以及教育学生团结友爱有非常好的作用。但是，我们不可能每节课都安排球类内容。现代体育要求的是全面发展，因此我们必须从教学内容的安排上着手，可以在一节课中安排两个或两个以上的内容。例如，可以将篮球与田径、足球与武术、学生熟悉的内容与新授内容、复习内容与新授内容合理搭配，以提高学生学习的兴趣。

三、优化教学方法

在教学手段上，要灵活多样，在采用现代教学技术的同时，注重对传统教学手段的传承和改进。在情境创设上，要着力于体育氛围与环境的和谐统一，帮助学生酝酿和保持一种轻松的学习情绪。要以生动形象的讲解和准确优美的示范启发激励学生努力学习，积极进取。同时要坚持以表扬为主、正

面教育为主的方法，多运用鼓励性语言，及时表扬和激励学生，增强学生学习的信心，提高学生的学习兴趣和练习的积极性。

四、树立良好的教师形象，提高教师感召力

教师要树立良好形象，提高感召力，可从多方面努力。外在形象上，穿着得体，仪态端正，保持微笑并注重眼神交流，给学生专业、亲切之感。内在修养方面，品德要高尚，要诚实守信、公平正直且富有爱心。同时，不断提升知识素养，精通专业知识并广泛涉猎。在教学上，明确教学目标，采用多样化教学方法，建立良好课堂秩序并营造活跃氛围，用扎实的专业能力和人格魅力感染学生，成为他们成长道路上的引路人。

五、注意体育兴趣的早期培养，激发、培养和保护学生的体育兴趣

一个人从儿童到少年、青年，在一定的社会生活条件和教育条件的影响下，其兴趣的发展和其他心理特征的发展一样，也是一个不断地由量变到质变、从简单到复杂、从低级到高级、从不完善到完善的有规律的发展过程。不同年龄阶段的人对体育的兴趣有着明显的差异。儿童和少年时期的体育兴趣是建立在对体育活动本身或活动结果的直接感知上的，是未分化的、易变的。青少年，尤其是儿童，最明显的心理特征就是兴奋过程强于抑制过程，有强烈的好奇心与求知欲，敢于参与实践，喜欢表现自己，对体育活动尤其是如此。因此，教师应抓住这一点，通过多样化的活动激发、培养和保护学生的体育兴趣。

 反思

班主任要重视体育课堂教学与课外体育活动的有效结合，帮助学生爱上体育活动。课外体育活动是实现学校体育教学目标的重要途径之一。众所周知，体育课程应包括体育课堂教学和课外体育活动两部分，强化课外体育活动在体育教学中的重要地位，有利于提高学生参加课外体育活动的自觉性和主动性，更好地发挥他们的创造性，帮助他们养成良好的锻炼习惯，树立终身体育意识。

第 57 问
学生阅读武侠和言情小说等，怎么办？

作为班主任，经常会遇到一些学生阅读武侠、言情小说，痴迷其中，甚至熬垮身体、荒废学业的情况。因此，探讨其原因并研究其对策很有必要，这关系到我们的教育如何培养全面发展的人。这一问题的解决，要靠学校、家庭、社会等多个方面的共同努力。

学生痴迷"闲书"，宜"疏"不宜"堵"

大禹治水的故事家喻户晓。面对滔滔洪水，大禹没有效仿父亲鲧采用"堵"的办法，而是开凿山洞，疏通河道，通过疏导将洪水引入了大海，最终平息了水患。这种"疏胜于堵"的理念与方法，同样可以应用于学校教育中，以应对普遍存在的学生痴迷"闲书"的现象。

有时，学校越是禁止的事情，学生越是有兴趣，越是想尝试去做。比如，学校禁止学生带手机到学校，学生就偷偷摸摸地把手机带到学校玩；学校禁止学生在学校阅读不健康的书籍，学生还是会在教室里偷偷地看。学校禁止学生看武侠、言情小说和漫画，是担心学生看这些书会影响学习，更严重的还会滋生出暴力、色情等不良倾向。但在禁止过程中发现，越是被禁止看的书对学生越有吸引力，学生越想看。为了解决"闲书"屡禁不止的问题，一位教语文的班主任王老师的做法或许有一点借鉴意义。

看"闲书"的现象在王老师的班里同样很流行,而且影响到了部分学生的学习成绩,但他并不一味地反对学生看"闲书"。他认为,看课外读物可以使学生超越教材的局限性,进一步拓宽学生视野,丰富学生的精神世界。他对学生看经典名著、名人传记和科普著作等课外书籍十分支持,但对学生看漫画、武侠和言情小说持保留意见。

为此,王老师组织过数次读书交流分享会,让同学们上台分享读课外书籍的体会和收获,讨论读课外书的好处与危害,并教给学生一些读书的好方法,引导学生多看有更高文学造诣与精神价值的著作,不看那些内容低俗、不健康的读物。此后,班里逐渐形成了爱读书、读好书的学习风气,学生看没有营养的"闲书"的现象也慢慢地消失了。

反思

作为班主任,要清楚地知道,对于不提倡学生去做的事情,不要硬性禁止而使其变成"禁果",那样反而会激发学生的好奇心与逆反心理。应通过适当的方式进行疏导和沟通,降低学生的好奇心,从而使一些规定和禁令能让学生欣然接受。

第 58 问

班主任不知如何开展劳动教育，怎么办？

在当前教育环境中，班主任在推动劳动教育方面的重要性日益凸显。劳动教育不仅能帮助学生培养实践能力，还能增强他们的责任感与合作精神。然而，许多班主任在如何开展劳动教育上却感到困惑，尤其是在初中阶段，学生对劳动活动的兴趣往往不高。作为班主任，我们必须探索适合学生特点的劳动教育方式，激发他们的参与热情，让他们在实践中体会劳动的意义。通过丰富多彩的劳动体验，我们可以为学生营造一个积极向上的成长环境，帮助他们在劳动中找到乐趣、收获成长。

培养学生劳动意识，促进劳动教育有效开展

对学生进行劳动教育是实施素质教育中非常重要的一环，加强劳动教育可以培养学生的劳动意识、劳动兴趣和劳动习惯，也能培养学生的自我服务能力和社会适应能力，同时还能让学生明白今天的幸福生活是靠劳动创造出来的，让学生从心底尊敬劳动者，珍惜劳动成果。作为班主任，我从以下几方面对学生进行了劳动教育。

一、创设环境，培养学生的劳动兴趣

兴趣在学习过程中占有很重要的地位，学校教育教学时刻要求教师培养

学生的兴趣、发展学生的兴趣。首先，教师可以组织学生参与劳动教育活动，如开展"小小能人"等系列活动，有意识地培养学生的劳动能力，再如通过植树浇水等实践活动，让每位学生参与，学生的兴趣会油然而生；其次，教师可以带领学生一起利用多种废品、旧材料制作物品，并把学生制作的小作品陈列在活动室或让学生带回家。这样学生不仅能够体验到劳动的喜悦，而且还能充分发展动手能力和空间思维能力。

二、通过观察和了解，培养学生的劳动意识

在家庭生活中，长辈包揽家务是常态，这导致孩子缺少锻炼，容易养成娇气、懒惰的习惯，这在学校教育中可能会给老师带来不便。我针对这一具体情况，首先从培养学生的劳动意识入手。我让学生观察长辈一天的劳动活动，知道家庭中每个成员的劳动内容及其对社会的贡献，让学生学会关心他人，并尊重他人的劳动；同时，我还结合季节特点，让学生了解小区公园环境的变化，了解公园工作人员的劳动内容，体会其劳动成果给大家带来的愉悦感受，从而感受到劳动带来的欢乐。

三、通过日常活动，培养学生的劳动习惯

培养学生良好的劳动习惯，要运用恰当的方法，循序渐进，不能操之过急。不能要求学生做超出他们能力范围的事，而要充分利用学生的日常生活进行引导。教育、培养学生爱劳动是十分必要的。自我服务劳动是所有劳动中首先要学会的，如学会做简单的家务、整理床铺等。我们学校很重视培养学生各方面的习惯，特别是注重培养学生的劳动习惯，这有助于学生自我服务能力的提高，促进学生之间互相帮助、互相团结等。因此，早晨来校后，我会带领学生一起打扫卫生；放学前我和学生一起整理教室，培养学生爱劳动、主动参与劳动的习惯。

四、加强家校合作，共同培养学生的劳动习惯

学生来自不同的家庭，所在的家庭环境也不同。有的家长注重学生的劳

第58问　班主任不知如何开展劳动教育，怎么办？

动教育，但也有不少家长溺爱孩子，包办一切，致使学生的基本自我服务能力和劳动习惯比较差。因此，家校合作至关重要。教师要请家长配合学校，教育学生爱劳动，并指导家长让学生放学后在家庭中积极参与力所能及的家务劳动。

我校环境幽雅，设有微机室、多功能活动室、美术室等，全部达到县级一类标准，为学生提供了良好的劳动实践场所；校园三季有花、四季常青，名人画像、名言警句随处可见，激励学生奋发向上，为学生创设了理想的学习环境。实施劳动素质教育培养了学生的情操，锻炼了学生的动手能力，发展了学生的思维能力。以后我校将进一步深化这项内容，为培养德智体美劳全面发展的社会主义建设者和接班人作出贡献。

在开展劳动教育的过程中，我深感班主任的责任重大。通过培养学生的劳动意识、兴趣和习惯，不仅能够提升他们的自我服务能力和社会适应能力，还能让他们更加尊重劳动者，珍惜劳动成果。作为班主任，我认识到了劳动教育在学生全面发展中的重要性。未来，我将继续探索更多创新的方法来加强劳动教育，为培养德智体美劳全面发展的社会主义建设者和接班人而努力。

第 59 问

班主任不知如何开展预防欺凌教育，怎么办？

近些年，我们在各大媒体常看到有关校园欺凌事件的报道。由于初中生正处于青春期，生理、心理都在发展变化，非常容易受到社会上一些不良价值观的影响。班主任是学生在校园生活中接触最多的一位教师，肩负着对学生的引导责任，应努力杜绝校园欺凌事件的发生，使学生能在和谐的校园环境中成长。

治理校园欺凌，班主任责任重大

校园欺凌是当前中小学教育面临的新挑战，班主任在预防校园欺凌中扮演着关键角色。

一、班主任一定要加强班级建设，形成良好的班风

班风很重要，良好的班风可以凝聚人、鼓舞人，同时也可以增进同学之间的感情，让同学们感受到家的温暖。有了良好的情感基础，同学之间即使发生矛盾，也能在短时间内得以解决。

二、班主任一定要把学生的思想道德教育放在首位

班主任应把培养品德高尚的人作为工作目标，时刻不能放松学生的思想

教育工作。出现欺凌现象的班级往往都是因为班主任忽视了学生的思想教育，对德育工作不够重视，总是把目光盯在分数上。

三、班主任要做到了解每一名学生

班主任对学生的喜好、脾气、秉性一定要有所了解。只有充分了解学生，才能有的放矢地做好学生的思想工作。特别是对于那些有行为问题的学生，班主任一定要有耐心和恒心，要晓之以理，动之以情。如果只做表面文章，对这些学生不管不问，放任自流，他们就可能会成为校园欺凌的潜在实施者。

四、班主任要及时发现问题

对于学生之间产生的矛盾，班主任千万不要轻视，不能置之不理。当学生向你倾诉的时候，一定要给予足够的重视，寻根问源，了解矛盾产生的原因，有针对性地解决矛盾。有些时候，学生之间的矛盾在班主任眼里可能是小事，但是在学生之间就是最大的事，甚至可能是欺凌事件发生的起因。

五、班主任要善于与家长进行沟通和联系

班主任要让家长及时了解孩子在班级的表现。我们可以通过微信群、校讯通和家长会等渠道，不定时给家长进行家庭教育方面的指导。比如，在预防孩子遭受校园欺凌这个问题上，应该告知家长多留心观察孩子的身体和情绪变化。一旦发现异常，就要及时与孩子进行沟通，或者与班主任联系。对于存在行为问题的学生，特别是有欺凌倾向的学生，一定要告知家长，要求家长与老师合作，共同教育和纠正学生的行为。一定要充分发挥家长的作用，让家长支持班主任的工作，使家长成为教育学生、治理欺凌的重要力量。

六、班主任要正确处理学生欺凌事件

即使班主任工作做得再到位，也可能会出现欺凌现象。遇到欺凌事件，一定要采取正确的处理办法。一是保护受欺凌孩子的自尊心，不让其受到二次伤害；二是了解事情真相，对肇事者进行教育和惩戒，让其好好反思，并

将矛盾双方进行隔离；三是做好家长的思想工作，妥善处理事件；四是反思事件，避免事件再次发生；五是要密切配合学校做好事件的处理工作，不要推脱责任，要通过真诚的态度赢得家长的理解和支持。校园欺凌事件已经成为大家关注的焦点，学校一定要高度重视，班主任更要重视。一定要从源头抓起，将校园欺凌事件消灭在萌芽状态，让每个孩子都不受到伤害，都能够健康茁壮成长。

 反思

预防和处理校园欺凌是一个系统工程，需要班主任在多个方面下功夫。通过不断努力和改进，我们可以最大程度地减少甚至杜绝校园欺凌事件，让每一个孩子都能在安全和谐的环境中健康成长。加强班级建设，形成良好的班风是基础。这不仅仅是为了预防欺凌，更是为了营造一个积极向上的学习环境。作为班主任，我们需要不断思考和实践如何通过日常的教育活动，培养学生之间的相互尊重和理解，增强集体荣誉感，使班级成为一个温暖、包容的集体。

第三章　家校沟通

第一节　沟通有术，共育有方

第60问

不知如何发挥班级家委会作用，怎么办？

 话题

2012年冬天，我认识了一群活泼可爱的孩子和满怀期望的家长，我们共同走过了有意义的每一天。家长和学生一起参加运动会，挥舞着国旗，为运动员们加油助威；家长和学生一起努力排练，为庆祝元旦活动做准备；还有那一张张记录着美好时光的照片，一份份充满爱心的礼物，一个个精心策划的活动方案……这些都让我深深地感受到每一位家长所付出的爱和支持。点点滴滴汇聚成我们班级家委会的宝贵故事，也构成了我们七年级（1）班丰富多彩的每一天。

家委会第一人

2012年8月25日，武威十中迎来了新一届的七年级学生。他们满怀憧憬地来学校报到了。他们即将成为校园的小主人，在这个美丽的、充满爱的大家庭里生活、成长。

第60问　不知如何发挥班级家委会作用，怎么办？

忙碌的早上，许多陌生而亲切的面孔让我应接不暇。下午，当我走进教室时，看见五六个家长正在里面交谈。走近一看，原来是一位家长正在给其他家长介绍自己的儿子。呵呵，积极性还真高呀！只见她脸上洋溢着激动和喜悦，满心欢喜地分享着自己的感受。我很有礼貌地打了声招呼，原来她正是报名时带来孩子各方面记录的周伟妈妈。在谈话中，我感受到了周伟妈妈对孩子教育的客观认识，也体会到她对孩子成长所付出的努力和热情。我们班的家委会就需要这样积极主动的成员。

国庆节时，我布置了一个特别的作业，让孩子和家长一起做一份入学手抄报。孩子们交上的作业充满个性，特别是周伟同学的手抄报别具风格，上面既有我们在运动会上留下的全班合影，也有家长写下的激励自己孩子的话语，还有家长对全班孩子的美好祝愿。这让我更加肯定了这位家长的能力和参与班级活动的积极态度，我们的家委会就是需要这样不仅爱自己孩子，还能关心所有孩子的家长。后来，通过电话交流和面对面的关于孩子教育问题的探讨，我提出让她加入家委会，她非常高兴地接受了。

周伟妈妈为孩子们专门摘抄的"做个文明的好学生""家长开放日的感想""奇怪的作业""运动会小报"等资料，为班级营造了良好的合作氛围。正是有了家委会的第一位成员，第二位成员……我们这个大家庭变得更加温暖而团结。孩子们幸福着，我和家长们也在付出的同时幸福着。

家委会成立啦！

记得2012年11月15日，星期四的下午，天气很好。在家长会上热心报名的十六位家长应邀来到了教室，参加这次特别的会议。桌上放着的是复印好的全班每一位学生家长的电话和家委会成员的名单及联系方式。由于各位家长彼此还比较陌生，我担任了本次会议的主持人。

首先我对家长们的积极配合表示感谢，然后大家共同探讨了家委会近期及长远工作计划安排，并对家委会的工作内容进行了简单的说明。家长们也主动地承担了秘书、会计、出纳等具体职务。对于后期的工作，家长们各抒己见，对"庆元旦"活动、孩子集体生日、孩子户外社会实践活动等提出了良好的建议。

我们的第一次家委会会议自始至终都在和谐的氛围中进行。这份和谐来源于家长的理解和支持，也让我更加感受到肩上的责任，激励着我继续努力前行。

第二次家委会会议

2012年12月21日下午，冬日露出了久违的阳光，把一切照得那么明亮。为了庆祝元旦，热心的家委会成员聚在了一起。赵哲的妈妈拿来了活动策划资料，小小的本子上写满了对孩子们的一片爱。从串词的搜集到服装的分配，再到每一个队形的变换，她都考虑得非常周全。坐在旁边的还有一位德高望重的老奶奶，她是马惠的奶奶。有着丰富办学经验的她设身处地为孩子着想，也为每一个家庭着想，做事细致严谨，给我们提出了很多有效的好办法，真让我感动。右边还坐着带病坚持开会的丁楠妈妈。我坐在他们中间觉得特别温暖，因为我们正用爱心与责任心构筑我们温暖的大家庭。我们真诚地交流，提出各自的想法，构思出了以"击鼓传花 喜闹新春"为主题的元旦庆祝活动。由于上课时间的关系，我匆匆离去，而他们还在热心地修改稿子、挑选音乐。

放学的时候，严瑞的爸爸带来了他们一家人的策划方案和相关碟片，手上还握着魏婷妈妈、烨楠妈妈和徐丽妈妈写的关于家委会工作的感想和建议。才短短的三个多月时间，七年级（1）班的家长和老师的手已经紧紧握在一起，为了孩子的发展而同心同力，这让我感到欣慰和欣喜。

热烈的庆元旦活动

2012年12月31日下午，下着小雪，寒风凛冽，但寒冷未能阻止新年的脚步。尽管外面寒风瑟瑟，教室内却洋溢着节日的喜庆气氛。作为被邀请的客人，我一走进去，就看见围坐在一起的各位家长。几位家委会负责人有条不紊地安排着座位、组织签到和接待工作。中间红色地毯上的同学们早已乐开了花，玩得汗流浃背。今天真算是他们的节日了。

下午3点，庆祝元旦活动开始了。我带着激动的心情恭祝大家新年快乐，并对孩子们的成长提出了殷切的希望和美好的祝福。家长代表对七年级（1）班全体老师为培养孩子们所付出的辛勤劳动表示衷心的感谢，还表示全体家长将全力配合学校老师,加强对孩子们的教育和培养。"击鼓传花 喜闹新春"的主题活动终于开始了。第一个活动是击鼓传花,刘梦媛妈妈当击鼓手,目的是让每一个同学都上台表演一个节目。程俊爸爸发奖品,许乐妈妈忙着继续联系未到的家长,马惠奶奶做活动登记……每一个人都忙得不亦乐乎,但大家都是如此地兴高采烈,为了孩子的快乐成长,各位家长全心全意地付出着。

节目内容很精彩,虽说没有过多的提前准备,却仍然获得了阵阵掌声。有说笑话的,有讲故事的,有唱歌的,有表演跆拳道的,有打快板的……孩子们个个身怀绝技,都想好好地表现一番。还有一个特别的活动——那天是严茜雅同学的生日。严茜雅妈妈带来了大大的蛋糕,可爱的孩子闭上眼睛许愿,快乐的生日祝福歌萦绕在她耳边,同学们一个个送上真诚的祝福,让她沉浸在幸福之中。严茜雅妈妈把蛋糕亲手送给了老师、家长、同学们,蛋糕甜甜的,我们心里更甜。这是一个特殊的大家庭,一份特别的爱。严茜雅和同学们度过了一个特别的生日派对,孩子们的笑脸在生日烛光的映衬下显得更加快乐和幸福,我们也被孩子们的纯真淳朴和无尽的爱意深深地感动着。

在孩子们《爱的天堂》的歌声中,活动落下了帷幕。但我相信,爱的活动才刚刚拉开序幕。

是的,这个冬天寒冷而忙碌,但这长长的冬天里却融汇着一颗颗热情的心,发生着一个个温暖人心的故事……

反思

要发挥家委会的作用,首先要多和家委会成员沟通,了解他们的想法和建议。可以定期组织家委会会议,与家长们一起商量班级的事情。也要鼓励家委会成员积极参与到班级活动中来,比如组织亲子活动、志愿服务等,增进家长和学生之间的感情。

第 61 问

班主任与家长沟通不畅，怎么办？

在教育的舞台上，班主任与家长犹如共同演绎一场重要戏剧的主角。然而，有时这两方之间的沟通却并非一帆风顺。若班主任与家长沟通不畅，不仅影响着学生的成长与发展，也会给教育工作带来诸多挑战。那么，究竟是什么原因导致了沟通不畅呢？又该如何化解这一难题，让双方携手为学生的未来铺就更加坚实的道路呢？让我们一同深入探讨班主任与家长沟通不畅的现象，寻找有效的解决方法，为学生的教育创造更加和谐的环境。

"对症下药"，巧妙对待不同家长

由于学生来自不同的家庭，每个家长的文化水平不同，对学校教育的配合程度自然存在很大的差异，因而我们老师必须讲求沟通艺术，"对症下药"，巧妙对待不同类型家长。

1. 对于民主沟通型的家长，班主任可以将学生在校的表现如实向家长反映，主动请他们提出意见，充分肯定和采纳他们的合理化建议，并适时提出自己的看法；和学生家长一起，同心协力，共同做好学生的教育工作。这些家长对子女的家庭教育其实是很有方法的。

在我和学生龚强的父亲进行了几次交流后，我发现这是一位对子女教育很内行的家长。无论是谈到如何激发学生的学习兴趣，还是考后的试卷分析，甚至连某些学科的具体问题，他都能谈得头头是道。于是我就萌生了通过这位家长来激发其他家长的家教兴趣的想法，在一次家长会上专门留出时间，让他就自己的家教经验给其他家长做报告，收到了很好的效果。

2. 对于溺爱孩子的家长，班主任需格外注意方式方法。首先，应充分肯定学生的长处，对学生的良好表现给予真挚的赞赏与表扬。通过这种方式，让家长感受到孩子的闪光点，为后续指出学生不足做好铺垫。要充分尊重学生家长对子女的深厚感情，肯定家长爱子女这一行为的正确性。如此一来，能使家长在心理上更容易接纳班主任提出的意见。与此同时，班主任要用恳切的语言指出溺爱给孩子成长带来的危害，以耐心、热情的态度帮助和说服家长采取正确的教育方式来培养子女。启发家长务必实事求是地反映学生在家的实际情况，切不可因过度溺爱而袒护自己的子女，更不能因溺爱而隐瞒子女的错误。

我班学生李峰，学习习惯较差，几乎每天的作业都做不全，班干部和科任老师也经常向我反映情况。我和他的家长联系，发现家长并不着急。第一次和他们交流的时候，他们就直言不讳地告诉了我他们的教子观："我们家很讲求民主和自立，孩子的事情我们不想过多地干涉。"我于是饶有兴趣地和他们聊民主教育观，以及孩子自立能力差已经成为社会问题等等。在此基础上，我又耐心地和他们讲，我们的确需要培养孩子独立走路的能力，但孩子刚刚从小学过来，从"抱"到"走"必须经历一个循序渐进的过程，一开始我们还不能全部放手，得有个"搀扶"的过程，孩子的学习习惯和学习能力还需要培养和提高，希望他能在老师和家长的共同帮助下，自觉、自主地学习。从此，该学生的家长调整了教育方法，每天晚上坚持抽出时间关心孩子的作业情况，孩子的成绩有了显著的提高。

3. 对于忽视型家长，班主任应采取多报喜、少报忧的方式，让学生家长充分认识到孩子的发展前途，进而激发他们对孩子的爱心与期望。通过这种方法，促使家长改变对子女放任不管的态度，吸引他们积极主动地参与到孩子的教育中来。与此同时，班主任要委婉地向家长指出放任不管对孩子的不良影响，让家长深刻明白，孩子生长在一个缺乏爱心的家庭环境中会十分痛苦。从而增强家长对子女的关心程度，强化家长与子女之间的感情纽带，为学生的良好发展营造一个适宜的环境。

我班有个女生叫王思雨，她的父母长期在外做生意，孩子就跟年迈的奶奶共同生活。这个女生性格比较外向，自制力不算太好，经常和小学的同学联系、玩耍。我与家长讲明家庭教育的重要性，指出赚钱虽然重要，但子女的教育更重要，因为子女是家庭的希望；并告诉他们，青春期的孩子思想波动比较大，如果长期离开父母的监督，是非常危险的。

4.对潜力生的家长，要多激励，增强他们对孩子的信心。潜力生的家长，往往会因孩子成绩不佳等问题而对孩子信心不足。他们可能会采取较为严厉的教育方式，同时，由于生活中的各种原因，在照顾孩子方面也可能存在不足。然而，经过班主任的积极沟通后，他们开始转变观念，关注孩子的优点和进步，调整教育方式，对孩子的未来重新充满希望。对于学习困难的学生，我们不能仅仅依据成绩这一个标准来否定他们。我们应当尽力发掘他们的闪光点，让家长看到孩子的长处、进步以及未来的希望。在指出孩子缺点时，要把握好度，不能一次说太多，更不能言过其实，尤其不能使用"这孩子很笨"之类的话语。在谈及学生优点时，要充满热情且有力度；而在提及学生缺点时，语气则要舒缓婉转。这样做可以让家长感受到老师对他们孩子的信心。只有当家长对自己的孩子有了信心，他们才会更加主动地与老师交流，积极配合老师的工作。

我班有一个女生叫小清，她寡言少语，缺乏自信，成绩也较差。从学生信息中可以看到，小清的父亲信息一栏是空白。究竟是什么原因让这个本该活泼可爱的姑娘背负如此沉重的包袱呢？通过与小清妈妈的电话沟通，我了解到了小清的家庭情况。小清在一年级时父亲因病去世，母亲带着她重组家庭，并生下了一个小弟弟。生活的不如意使得小清的妈妈更加坚定要让孩子成才的信念，所以在学习上对小清要求十分严格，总是指责她这也不对那也不对。在生活上，由于家庭负担沉重，小清的妈妈无暇顾及孩子，甚至还让小清承担很多家务，并照顾比她小四五岁的弟弟。至此，我明白了小清经常不能按时完成作业的原因。我认为，首先应该让小清的母亲对自己的孩子有

第61问 班主任与家长沟通不畅，怎么办？

信心。于是，在进行家访时，我采取了"报喜不报忧"的策略，将小清在学校的良好表现一一向她妈妈细说。我看到小清的眼中流露出感激的神情。同时，我鼓励小清的母亲在平时多关心孩子的学习和生活，当小清犯错时，不能总是批评和打击她；对于孩子做得对、干得好的事情，要给予充分的肯定和表扬，让孩子在成功的喜悦中增强自信。家访结束后，小清执意送我很远，她欲言又止的样子让人心疼。我又说了些鼓励她的话，这时，我看到她的泪光中流露出了自信和坚强。

5. 对于专制型家长，我们要以理服人。部分年轻班主任在面对难沟通的家长时，可能会情绪激动，但此时一定要保持冷静。面对这类家长，服务态度和服务质量至关重要，许多家长具有强烈的维权意识。遇到此类家长，最有效的方法是面带微笑。面对家长的指责时，要克制怨气，避免与家长争执，更不能挖苦讽刺学生而伤及家长。始终保持微笑，这样无论处于多么尴尬或困难的场合，都能轻松应对。最终，赢得家长的好感，从而消除误解和矛盾。

上个学期寒假前夕，一位学生家长突然来到办公室，劈头盖脸地指责班主任张老师。她认为自己的孩子成绩比班上另一个学生好，却没被评上"优秀学生"，言语比较难听。张老师耐心听完指责后，拿出学校印发的《优秀学生评比条例》，详细解释了学校民主评选"优秀学生"的具体流程。弄清楚情况后，这位家长感到很不好意思。后来，家长一直心存顾虑，担心自己的指责会影响老师对孩子的态度。为消除家长疑虑，张老师比以前更加关心那个学生，为他创造机会参加各项集体活动，帮助他学会正确处理同学之间的交往。张老师用实际行动让学生家长感受到老师对孩子的认真负责，此后，这位家长在与老师的合作态度上发生了很大变化。

总之，家庭教育是学校教育的重要互补因素，两者配合越默契，产生的教育合力就越大，效果就越显著。要使家庭教育配合学校教育，保持一致性，关键在于班主任与家长的沟通，形成学校与家庭的德育工作统一战线。无论采用何种方式、技巧与家长沟通，最为关键的是要以诚待人，以心换心，同时努力提高自己的道德修养和理论水平，如此才能架起心与心之间沟通的桥梁。

 反思

　　班主任与家长存在沟通不畅的情况,首先可能是态度问题。工作忙碌时易缺乏耐心,对家长尊重不够。其次,在沟通方式上,过度依赖文字沟通且沟通时间较随意。对于复杂事情,文字难以准确表意,在工作时间联系家长也不合适。在沟通内容上,过于重视成绩,对学生品德、心理、人际关系等方面涉及较少,谈学习问题缺乏深度,难以让家长全面把握情况,从而无法共同商讨对策。

　　班主任应耐心倾听并尊重家长,选择恰当的沟通方式,遇大事优先采用电话或面谈。挑选合适的沟通时间,丰富沟通内容,全方位反馈学生情况并深入探讨问题,从而提升沟通效果,助力学生成长。

第 62 问
班主任家访效果不佳，怎么办？

 **话题**

家访，本是连接班主任与家长共同深入了解学生的重要桥梁。然而，有时班主任满怀期待地进行家访，却效果不佳。这不仅让班主任感到困惑与失落，也可能影响对学生的教育成效。那么，为什么会出现家访效果不佳的情况呢？是沟通方式不当，还是准备不够充分？又该如何改进，让家访真正发挥出其应有的作用呢？让我们一起聚焦班主任家访效果不佳的问题，共同探讨可行之策，为学生的成长助力，让家访成为推动家校合作的有效途径。

家访，是一座连心桥

学生小廷，自进入初中以来，学习虽不甚努力，有时比较懒散，但还算跟得上学习进度，成绩一直居于中等水平。八年级下学期期末考试，他的成绩突然急剧下降，总分掉到了班级倒数第十名。

作为班主任，我看在眼中，急在心中。我先是和各科任老师交流，了解了小廷学习成绩下降的原因。小廷头脑聪明，但上课不怎么认真听讲，特别懒散，完成老师布置的任务时总打折扣，作业多有不交或迟交现象。我和小廷妈妈进行了电话沟通，了解到小廷从八年级下学期以来迷恋上网打游戏，回家基本不做作业，时间一般都用来看电视和玩网络游戏。其父亲虽管教严格，但常年在外地工作；母亲从小溺爱孩子，常给零花钱，养成了小廷花钱大手大脚的坏习惯。现在小廷长大了，逆反心理更强了，母亲根本管不了他，对于小廷的成绩退步，也没有什么好的办法和措施。

上学期一开学，我就抽时间对小廷进行了家访。在小廷家里，当着小廷父母的面，我与小廷进行了平等的交流，与他谈了成绩退步的问题以及将来的打算。我自始至终没有在小廷父母面前说他在学校糟糕的情况，反而表扬了他在学校表现好的方面，这让小廷对我的家访没有产生抵触心理，而且很情愿地表示要改正错误。之后，我与小廷爸爸达成共识，把家中的电视和电脑断网，并让小廷妈妈控制好小廷的学习时间。家访后的几周内，小廷上课依然心不在焉，作业还是有不交或迟交现象，有时上课还看课外书籍或睡觉。特别是当他一再要求父母给他把电脑联网遭到拒绝后，他每天更是寻找机会去网吧玩游戏，下午放学找借口很晚才回家。九年级月考的成绩没有一点进步，充分说明了小廷的心思根本没有回到学习上，家访也没有起到任何效果。

面对这种情况，我进行了二次家访。在交谈中，小廷爸爸说，"十一"放假期间自己动员小廷爷爷、奶奶、叔叔、姑姑等亲朋好友与小廷多次谈话，也带小廷出去旅游来宽慰他，但效果甚微，甚至起了反作用。听完后，我认为不能一味地采取"民主"的方法了，宽容解决不了问题。老师、家长、学生三方，应当面对面分析问题，直言其沉迷网络的危害性，以及目前上课"魂不附体"的严重后果，打消其幻想，让其"定神"。除思想教育外，重点落实了以下几件事：1.在这一段时间，家长在家必须严格检查作业，老师讲到哪里，作业必须做到哪里；2.在成绩不理想的情况下，课外书籍暂时停看；3.每天必须按时回家，必要时家长到学校门口亲自来接，严格控制小廷放学后的时间；4.学习上有不懂的问题必须及时解决，安排成绩好的学生和小廷坐到一起来监督他，帮小廷及时查漏补缺。

经过以上一系列措施，小廷的作业基本上能独立完成了，有时还会主动找同学问问题，每天基本上能按时回家，虽然精神并不十分振作，但与以前相比已大有好转。在期中考试中，他的班级名次有所上升，从倒数第十恢复到中等水平，这让小廷重新燃起了对学习的信心。我在班上进行成绩分析时，特意表扬了小廷，来激发他的进取心，取得了很好的效果。目前，小廷虽然偶尔也犯点小错误,但可以说是在正常的轨道上发展了。

家访的目的不是把"皮球"踢给家长,而是充分了解学生情况,最后在教育过程中解决问题。在这个过程中,老师要主动给学生创造改变自己的有利条件,并抓住契机促成学生的转变。学生的转变不是一两次家访就能完成的,这需要一个过程,有时还很漫长,老师与家长都要有足够的耐心。

学生在学校的许多表现是家长所不能掌握的"盲区",而家访正是弥补这一"盲区"的有效形式。班主任和家长只有多沟通,心连心,才能在教育上架起一座连心桥,全方位地教育学生。

班主任家访效果不佳,需深刻反思。首先,准备不足,对学生家庭情况了解不够深入,导致交流缺乏针对性。其次,沟通方式存在问题,未能营造轻松氛围,让家长和学生有距离感。再者,目的不够明确,话题分散,未聚焦于学生核心的学习、成长问题。所以,做家访工作,一要做好充分准备,全面掌握学生家庭信息;二要改变沟通方式,态度亲切和蔼,营造和谐氛围;三要明确家访目的,紧紧围绕学生的教育需求展开交流,以提高家访效果,更好促进家校共育。

第 63 问

家长不信任班主任，怎么办？

在教育孩子的漫漫长路上，家校合作至关重要。然而，现实中有时却会出现一些不和谐的音符。例如，小李老师第一次担任班主任，她年轻有朝气，与学生代沟少，班级活动一向都是一呼百应。在家访新生之前，她仔细阅读了每名学生的资料，做好了各方面的准备。可她在交流过程中却发现，家长对她这个年轻班主任抱有深深的怀疑和不信任感。这种情况一旦出现，就像原本顺畅的家校沟通桥梁上悄然出现了裂缝。它不仅可能影响班主任工作的开展，还会对孩子的成长造成潜在的不良影响，亟待我们去关注和解决。

信任是家校沟通的钥匙

有时候，教师常常被家长一些无端的要求和不信任的眼光所困扰，甚至还会影响到正常的教学工作。家长不是我们征服的对象，而是我们的合作伙伴。面对一些家长的不信任、质疑甚至不讲理，教师应理性对待，否则不但会有失教师形象，还会把事情弄糟。面对此种情形，有经验的教师不但能够从容应对，还能巧妙地将其化作沟通契机，促进班级建设。而从容应对的技巧之一就是讲情理，以情动人，用拳拳之心唤醒家长。

有这样一个案例。一位老师将"学校安全教育平台"APP下载操作事项通过QQ群告知家长，让家长及时下载并安装，以便全面了解校园安全知识，

第63问　家长不信任班主任，怎么办？

配合学校对孩子进行安全教育。此项活动得到了大多数家长的理解和支持，可是也有少数家长不了解，向老师质疑。有位家长说，这项活动明摆着有"学校"两个字，本意就是让学校老师完成的，老师是既教书又育人的，没有理由把责任推给家长。

面对这位家长的不信任和质疑，这位老师不卑不亢，及时回应说："别看这项活动贴有'学校'二字，实际上，打造平安校园离不开家长的支持和引导。"老师继续强调说："安全教育是最重要的监管内容之一，只要家长动动手，就可以轻松搞定下载和学习任务。然后，每天坚持五分钟的学习，就可以掌握很多安全知识，不仅对孩子有益处，而且对家长自身也是很好的教育。教育下一代，是我们不可推卸的责任和义务，我们应该有共同的担当，家校合作、相互配合才能更好地完成育人目标。"老师的一番话，使这位家长心悦诚服地完成了学校安排的任务。

家校沟通，像是越过一扇锁住的门，要么强硬地撞开门，要么找到合适的钥匙。强硬地撞门不应该是我们的选择，找到合适的钥匙才是众望所归。这需要的是方法和技巧，更体现出老师的素养。

家长不信任班主任，这对教育工作的开展极为不利。其原因可能是沟通不畅，班主任未能及时准确传达学生情况，或是管理方式未得到家长认可。班主任要主动加强沟通，定期向家长反馈学生的全面情况，包括学习、生活、心理等方面。同时，管理措施应更透明化，向家长解释背后的教育理念。还要展现自身的专业性，以成功的教育案例或成果让家长信服。尊重家长意见，积极采纳合理建议，逐步建立起信任关系。

第 64 问

老师被家长投诉，怎么办？

 话题

在教育工作中，老师被家长投诉犹如一片乌云突然笼罩。这可能是因为教学方式、管理举措或者师生关系等方面出现了让家长不满的情况。教师原本一心扑在学生的成长教育上，却突然面临这样的困境，也许是家长觉得教师对孩子关注不够，或者是对教师的某种教育理念存在异议。被投诉后，教师往往会感到困惑、委屈甚至沮丧，同时担心此事对自身职业发展和师生关系、家校关系造成不良影响。那么，当被家长投诉时，应该如何妥善应对呢？

班主任处理家长投诉的"五部曲"

任何一位班主任都不能保证自己的教育服务永远不会出问题，因此家长对班主任抱怨或投诉也是可以理解的。对家长的抱怨和投诉处理得好，不仅可以增强家长对班主任的信任，还可以提升班主任的形象；处理得不好，不但会丢失信任，还会给班主任带来负面影响。那么，如何处理家长对班主任的投诉呢？

一、从倾听开始

倾听是解决问题的前提。在倾听家长投诉的时候，不但要听其表达的内

容，还要注意其语调，这有助于了解家长语言背后的内在情绪。同时，要通过复述和询问确保真正了解了家长的问题。在听的过程中，要认真做好记录（所要表达的意思一定不能理解有误），注意捕捉家长投诉的要点，以做到对家长要求的准确把握，为下一步协调打好基础。

二、认同家长的感受

家长在投诉时会表现出懊恼、沮丧、失望、泄气、愤怒等各种激动的行为和情绪。我们要知道，家长是把班主任当成倾听对象，想向班主任求得帮助。家长的情绪完全是有理由的，理应得到最高的重视和最迅速、合理的解决。所以，要让家长知道我们非常理解他的心情，关心他的问题。

三、立即响应

班主任与家长沟通，如果让家长在办公室门口等半个小时，显然不合适。速度是关键，速度体现了态度。家长投诉是由于他们的需求得不到满足，家长在哪里有困难，哪里就有我们的职责。抚慰措施一定要迅速而有力，态度一定要诚恳和谦恭。调查及处理工作要快速进行，要根据所见所闻，及时弄清楚事情的来龙去脉，然后作出正确的判断，拟定解决方案，与有关部门取得联系，找出我们工作的薄弱环节，把握改进工作的机会，尽可能让家长在第一时间内得到反馈消息。

四、持续反馈

如果在处理投诉的过程中牵涉的方面较多，一时难以迅速拿出解决方案，那就需要让家长等待的过程容易一些，最好的办法是持续反馈事情的最新进展。

五、超越期望

不要弥补完过失，使家长的心理平衡后便立马收场，应当好好利用这一机会，把投诉家长转变成信任老师的家长。当与家长就处理方案达成一致后，可以以超出家长预期的方式真诚道歉，同时再次感谢他继续相信我们老师。处理投诉的过程中，让家长确确实实地认可班主任的工作，获得家长的认可和信任，这样班主任的地位在一定程度上反而上升了。

通过家长投诉，我们进行总结、反思、改进，一方面是为了提高班主任处理家长工作的技能水准，另一方面则是为今后的工作打下良好的基础，提升家长对班主任的满意度。为此，班主任应处理好家长的投诉工作，把投诉作为动力，把投诉作为鞭策，把投诉作为镜子，这样才能提高班主任服务的质量。

 **反思**

被家长投诉，可能是因为沟通不到位，家长对教育举措产生误解；或者工作确实有瑕疵，未能满足家长预期。这时，班主任首先要冷静，诚恳与家长交流，深入了解投诉原因。如果是误解，耐心解释说明工作目的和流程；若是自身失误，积极道歉并制订改进措施。

班主任应从自身找问题，提升业务能力和服务意识。在今后工作中，增加与家长的互动交流，及时反馈学生情况，争取赢得家长的信任与支持。

第二节　家庭教育，介入有法

第65问

家长只关心孩子学习成绩，怎么办？

 话题

在孩子的成长历程中，我们不难发现这样一种现象：许多家长的目光紧紧聚焦在孩子的学习成绩上。每次家长会，家长询问最多的就是分数和排名；孩子在家时，话题也常围绕作业和考试。这种单一的关注，使得孩子仿佛成为学习的机器。然而，孩子的成长是多维度的，不仅有学业，还有身心健康、品德修养、兴趣爱好等重要方面。只看重成绩，可能会给孩子带来巨大压力，也容易忽略孩子在其他方面的发展需求。那么，该如何引导家长转变这种观念呢？

家长要理性看待学生成绩

在许多家长心目中，孩子的发展有这样两条路径：成绩好→考上好大学→好工作→好前途；成绩差→考上不好的大学（或考不上大学）→差工作

（或失业）→差前途。实际上这两个推理并不一定成立。在我们的周围，"学困生"走上社会后前途并不一定差。希望家长能够学会辩证地分析问题、思考问题。

有的家长对孩子学习要求特别严格，然而对于孩子生活中的其他事情不作要求，甚至是代替孩子来做，有的家长连孩子正常的生活自理事务也包办了。这样下去，孩子的自理能力非常弱，抗挫折能力也非常低，有的孩子还会因此形成情感冷漠、内向孤僻的性格，这些孩子在成长过程中往往容易出问题。

如果孩子考试一直比较顺利，要在适当时候有意地给他制造一些小困难，让他经历挫折和失败，并引导他培养应对挫折和失败的能力。如果孩子经常遭受考试的失败，应该多给他鼓励，帮助他修正学习目标，分析失败的原因，改进学习方法，让他体验成功，增强学习的自信心。

反思

家长仅关注孩子学习成绩是个亟待解决的问题。班主任在与家长的沟通引导中可能存在缺陷，未充分强调孩子全面发展的重要性，只是传达成绩相关信息，未展示品德、兴趣、社交能力等对孩子未来的关键意义。同时，没有提供科学的教育理念与相关案例供家长参考，使家长目光局限于成绩。为改变这一状况，班主任要调整沟通内容，全面呈现孩子的综合发展状况；多分享不同教育理念与成功案例，引导家长认识到成绩只是孩子成长的一部分，促使孩子全面健康发展。

第 66 问
学生与家长经常发生矛盾，怎么办？

 话题

学生与家长之间的矛盾似乎成了一个常见却又棘手的问题。我们常常看到，亲子之间因为一点小事就剑拔弩张，或是因为学习安排、生活习惯，又或是对未来规划的分歧。家长满心期望孩子按照自己的设想成长，而孩子则渴望自由与理解，双方都站在自己的立场上不肯退让。这种矛盾不仅破坏家庭的和谐氛围，还可能对孩子的心理和成长造成负面影响。那到底该如何化解学生与家长之间频繁发生的矛盾呢？这是一个值得深入探讨的话题。

偶尔也可以"当头棒喝"

上学期，九年级期中考试的前一周，我接到班上学生张春母亲的一个电话。她在电话里向我诉苦说，自己在家里管不住儿子，母子俩经常为一点小事就吵架。她只有小学文化，而儿子已经是初中生，儿子不听话时，她根本说不过，她说一句，儿子就要反驳十句，常常弄得她哑口无言，只能将苦水往肚里咽。实在忍无可忍的情况下，她打电话求助我，让我帮忙教育一下张春。

张春是独生子，从小父母就娇生惯养，把他宠成了"小皇帝"，经常是我行我素。学生打架十次有九次都与他有关系，小学升初中时他只考了不到

200 分（总分 420 分）。上了初三后他更是变本加厉，在家里根本不看书、不做作业，晚自习后，就和一些调皮同学溜出去了，要到 12 点左右才回家。期中考试成绩出来后，我把张春叫到办公室，把各科成绩念给他听：语文 42 分，数学 11 分，英语 33 分，物理 17 分，化学 8 分。我提高嗓门对张春说了几句重话："张春，你看看自己的成绩下滑成了什么样子，在家也不听父母管教，我行我素。再这样下去，你觉得自己能考上高中吗？到时候你后悔都来不及了！"说完后，我发现一向天不怕地不怕的张春眼泪竟然哗哗地往外流。等他心情平静之后，我又慢慢开导了他一番。结果，没过几天，张春母亲打电话给我说，这几天张春在家里像变了一个人似的，晚上也不出去了，每天回来就做自己的作业，时不时还要做到 12 点多，而且说话也有礼貌多了。的确，从那次沟通之后，张春在学校的表现也大不一样了，对老师和同学都非常有礼貌，上课也不随便讲话了，而且学习上也用功多了。

我深深地反思自己，当时我说完那番话后，其实是有些后悔的，感觉伤害了一颗嫩弱的心。可想不到的是，我那一招非常冒险的"当头棒喝"竟然会有如此神奇的力量，让他发生了翻天覆地的变化。经过一个多月的学习，张春参加中考，成绩竟然达到了普通高中的分数线。

这种"当头棒喝"属于班主任忌语。我认为此种做法不能作为常规手段使用，更不可作为经验推广。如果班主任们对这样的学生了解不透彻而照搬这种做法，多半是会碰钉子的。这种"当头棒喝"法，应具备以下几个条件，才可能有效果。

1. 班主任在学生心目中有威信，而且平日很少批评学生。

2. 学生之前的班主任很少或没有说过如此直率的话，学生尚未产生"抗药性"。

3. 学生尚有反思精神。也就是说，这孩子还不算完全听不进话。

4. 班主任说出这种话，学生没有思想准备，所以有震撼力。

5. 班主任作此结论之前，摆出了某些确凿的、学生无法反驳的事实。

反思

学生和家长频繁产生矛盾，反映出多方面问题。家长往往站在经验和期望的角度，忽略孩子的感受和想法。孩子处于成长探索期，渴望理解与尊重。家长要转变观念，以平等姿态倾听孩子心声，尊重其独立人格。孩子也应理解家长的苦心，积极沟通想法。学校可开展亲子沟通讲座等活动，引导双方换位思考。教师也要在中间发挥协调作用，促进家长与孩子互相理解，这样才能减少矛盾，构建和谐的家庭关系，促进孩子健康成长。

第67问

学生遭遇家庭暴力，怎么办？

 话题

老一辈的父母很多都认为孩子犯错就该打，打了才能长记性，信奉"不打不成器""爱之深，责之切"，用不正确、不合理，甚至不理智的方式方法来对待孩子，经常敷衍、冷落、不理睬、不回应，言语否认、贬低、羞辱甚至殴打孩子。但当今社会要的是素质教育，打骂孩子会影响孩子的身心健康成长，让孩子产生逆反心理。学生遭遇家庭暴力，作为班主任的我们应该怎么办？

让学生远离家庭暴力

前两天，同年级的一位班主任告诉我，她班里的一个男孩遭到了父母的暴打，不知该如何处理。

在与这位班主任的沟通中，我得知她已经与孩子的父亲取得了联系。孩子的父亲对自己的行为深表遗憾，并委托班主任代替他先向孩子道个歉。班主任想请这位家长来学校沟通一下，但这位家长以各种借口拒绝了这一要求。

面对这一情况，我从班主任这儿了解到这个孩子比较听话，没有严重的违纪现象。于是，我建议这位班主任可以这样来处理这件事：

在这种情况下，家长一般是不会到学校来的。家长知道，自己出现在学

校，肯定会陷入被动的局面。所以，班主任不要一再地要求家长来学校，只要通过电话告诉家长这件事的严重后果即可。当下，应该赶快找孩子来做好安抚工作，以免事态进一步恶化。班主任在与孩子谈话交流的时候一定要如实地转告孩子父亲向孩子道歉的意思，好让孩子先从心理上有所缓和。当然，在谈话的时候不能一个劲地说家长的不是，一定要掌握好尺度。批评家长严重了，孩子有可能回家继续跟家长闹；批评孩子严重了，本来身体上受到伤害的孩子内心可能更加郁闷，有可能会把情绪转到老师的身上。因此，处理此次事件的核心即在班主任与孩子的这一次谈话之中。如果班主任对孩子的性格了解得更多一些，对他的家庭情况了解得更详细一些，会更有利于谈话的展开并取得良好的效果。

之后，这位班主任及时地把这个孩子请到了办公室。从孩子的表情来看，正如班主任所言，他并不是特别调皮的学生，倒还有一点腼腆。当班主任开口与他交流这件事的时候，他不时地低下头。从两人的表情来看，我相信这件事能够处理好。

班主任与孩子的谈话大概持续了一节课的时间。孩子离开之后，班主任告诉我，谈话的效果总体来说还是挺好的。于是，我又建议班主任给家长打电话将这种情况反馈一下，让家长也主动地去与孩子交流。经过两天的处理，班主任认为这件事处理得比较好，达到了预期的效果。

因此，孩子遭遇家庭暴力的时候，我们班主任不要惊慌，要冷静下来认真分析孩子的具体情况，详细了解孩子所处的家庭环境，以一种积极乐观的心态去处理。相信这样做一定能找到突破口，解决好类似事件。

 反思

每个孩子都有自尊，希望得到别人（包括父母）的尊重，而别人的尊重、信任，会使孩子产生自信，这是他们前进的重要动力。经常挨打的孩子，自尊心受到损害，会产生自卑心理，极容易走上自暴自弃之路。父母本是孩

子最亲近的人，经常遭受父母的打骂，孩子感受不到亲情的温暖，就会悲观厌世。

父母打孩子绝对不是什么好的教育方法，反而是对孩子个性的一种压抑，还会给孩子造成一种错觉：弱者要服从于强者，暴力可以解决问题。而且，由于孩子模仿性很强，往往会从父母那里学会"以暴制暴"，染上暴力行为。父母在家里打他，到外面他就可能会打别的孩子，尤其是比他小的孩子。父母打孩子，实际上成了教自己的孩子去打别的孩子的坏示范。这样孩子长大后很可能会以武力解决人际冲突，结果是无法形成良好的人际关系。

第三节　情系特殊家庭学生

第 68 问

面对父母离异家庭的学生，怎么办？

 话题

父母离异，给处于儿童或青少年时期的子女在精神上所造成的影响是很大的。俗话说，父母是孩子的第一任老师。父母的一言一行，都会给孩子留下心理烙印。父母离异给子女带来了严重的心理打击。面对突如其来的客观现实，这些学生一时无所适从，心境突变，容易产生自卑、孤独、冷漠、怯懦和粗暴等性格特点。部分学生甚至为了发泄内心的痛苦，染上抽烟、酗酒、沉迷网络游戏等不良习惯。班主任面对这些学生，该怎么办呢？

班主任在对待离异家庭学生时，应把握"四度"

我带的班上有 45 个学生，其中有 6 个学生，他们的父母离异，还有 3 个学生，他们的父母不和，经常吵闹、闹离婚。家庭的破裂使儿童赖以生存的家庭乐园一下子被破坏，家庭给予儿童的安全感和归属感一下子消失，继而产生自卑心理，形成一种恶性的循环。我在思考：作为一名班主任，我该怎样对待这些孩子？我虽无法使他们的家庭重新完整，但我应尽最大的努力在生活上关心他们，在学习上鼓励他们，让他们觉得自己和别人没有什么不一样的。

有一个学生叫小梅，正是天真烂漫、无忧无虑的时候。突然有一天她的笑容不见了，整天愁眉苦脸，垂头丧气，上课也不像以前一样积极回答问题了，学习成绩也一落千丈。我发现这一情况后，没有当面严厉批评她，而是利用午休的时间来了解她的情况。我耐心地询问她学习落后及情绪不好的原因，还没等我说几句，她的眼泪唰地就下来了。她一五一十地把父母离婚、两人都不愿意抚养她的情况告诉了我，并告诉我她暂时居住在奶奶家。我认真地听完了她的回答，心里很不是滋味。

打那以后，我就把小梅的事放在了心上，时常给她买一些学习用品和好吃的东西。渐渐地，她的脸上露出了久违的笑容。

通过这件事情，我认识到了心理问题对一个孩子成长的影响。教师要善于察言观色，了解每一个孩子的具体情况，而不是一看见学生上课不积极就大声斥责。针对情绪失调的学生，要耐心开导，帮助他们解决一定的困难，确保每一个孩子都能够健康快乐地成长！

一、心灵哺育

班主任应撑起一片爱的天空，教育学生不要歧视离异家庭子女，决不能嘲笑和奚落他们。他们的处境不好，对他们要理解和尊重。要鼓励同学们积极主动地和他们交往，给他们以精神上的慰藉，使他们忘却家庭造成的痛苦，真切地感受到学校这个大家庭的温暖，和师生之间、同学之间纯洁的情谊。当离异家庭的学生犯了这样或那样的错误时，班主任在教育中要注入积极的情感因素，批评、鼓励、慰勉都应该用真挚的情感。若学生犯了严重错误，教师在严肃指正其错误的同时，更要注意用自己的真情去唤醒他们的改过之心，尽可能多剖析、少指责，多慰勉、少埋怨。在批评中寄予殷切的希望，在慰勉中引导他们鼓起勇气,在剖析中让他们看到自己行为的危害性。让学生通过体会老师的爱,调动起积极向上的动力,唤起改正错误的决心。

二、情感引导

班主任应充分发掘学生的闪光点。班主任对学生的不良心理品质和行为习惯,应该有足够的耐心,并加以认真引导和教育。应该认识到,纠正他们的不良心理品质和行为习惯是一个长期的过程,不能操之过急。班主任应充分认识并积极发掘学生身上的闪光点和积极因素,让他们在发挥自己特长的同时,增强对学习的兴趣和信心,从而产生正迁移,遏制和克服消极因素。这样才能做到因材施教,使他们在和谐欢愉的气氛中得以健康发展。

班主任要帮助学生对自己的处境有一个正确的认识。让他们明白,父母离异是因为他们生活在一起不再感到幸福,需要重新选择自己的生活,这是父母的权利,但父母对子女的爱是一直存在的。况且,父母离异已经客观存在,如果长期苦恼、自卑而不能自拔,只会加重自己的负担。所以,只有正确对待,努力消除不利处境的影响,才能更好地发展自我。班主任还要帮助他们建立良好的人际关系,让他们主动把自己置于同学、同伴等群体中,鼓励他们扬起生活的风帆,热爱生活,做生活的强者,尽快从父母离异的阴影中解脱出来,适应新的家庭生活。

三、行为矫正

班主任要为学生搭建成功的舞台。除了按常规对学生进行教育外,还应考虑他们特殊的心理特点,采取更有针对性的手段和措施,进行必要的强化教育。例如:针对他们成绩不突出的情况,可以给予针对性的辅导以及鼓励同学之间进行互教互学活动;针对他们不合群的情况,可通过组织一些集体活动,对他们加强人际交往教育;针对他们经常迟到的情况,可通过校纪班规的学习和师生私下谈话,加强纪律教育。

四、协调教育

班主任应帮助学生改善与父母的关系。有些学生容易意气用事，有时出于一些偏见，在处理与父母的关系上，做出一些不该做的事。比如怨恨父母，采取不理、不见的方式，就算见了也没有好脸色。一方面，可通过谈心、劝慰，缓解学生对父母的对立、怨恨情绪，并督促他们与父母保持正常的联系，正确处理与父母的关系。另一方面，班主任也要与他们的父母取得联系，要求父母理解儿女因家庭变故而产生的心理失衡状态。只有相互理解才能协调好关系。

此外，班主任应争取让家长配合学校做好学生的教育工作，加强对学生的教育和管理，保证学生有正常的生活和学习条件。针对他们的亲情关系疏淡和家庭教育问题，可以通过必要的家访，召开多种形式和内容的家长会等，改善其家庭关系，营造和谐的家教环境。通过班主任的工作，加强学校与社会、家庭的联系，促进离异家庭学生的健康成长。

希望在以后的工作中，我能充分发挥班主任的作用，让我们班上所有学生都能健康快乐地学习、成长。俗话说得好，浇树浇根，育人育心。班主任教育学生时要做到以情感人、以情动人、以情育人，这比任何说教都更有效。一般离异家庭学生独立意识较强，具有一定的生活能力。只有充分认识并积极发掘他们身上的积极因素，才能更好地遏制、克服消极因素，才能实事求是地对他们施以良好的教育，使他们在和谐、欢愉的气氛中成长。

反思

离异家庭的学生既是父母婚变的见证者，同时也是父母婚姻破裂的直接受害者。班主任应告诉孩子："爸爸妈妈会像以前一样爱你，你要像以前一样快乐地生活！"良好的夫妻关系是给孩子最好的礼物，如果夫妻关系到了不能调和的地步，家长应尽可能给孩子展示积极和阳光的一面，带动孩子一起成长。

第 69 问　留守儿童家庭教育缺失，怎么办？

第 69 问

留守儿童家庭教育缺失，怎么办？

在当今社会，有这样一个特殊的未成年人群体——留守儿童。他们的父母为了改善家庭经济状况，背井离乡外出打工。于是，在留守儿童的成长之路上，家庭教育这一重要环节出现了缺失。当别的孩子有父母陪伴学习、给予心灵的慰藉时，留守儿童只能独自面对成长中的诸多问题。这种家庭教育的缺失，在学习、心理、品德养成等多方面都对留守儿童产生了深刻的影响。那如何才能填补这种缺失，让留守儿童也能健康成长呢？这成为一个亟待探讨和解决的重要问题。

为留守儿童撑起一片爱的蓝天

当小彤来到我们班级时，我看到她脸上没有一丝笑容，眼睛里满是忧郁。通过一周多的观察，我发现她课堂上从来都不发言，经常走神；课下几乎不说话，独来独往。即使老师问她问题，她也只是点头或摇头，要不就是回答简短的几个字。我深深地感受到，小彤的内心肯定很痛苦。

后来我主动找小彤谈心，了解到了真实的情况。原来小彤在小学三年级时，父母因矛盾离婚。爸爸重新建立了家庭，妈妈只身外出打工，小彤从此跟着外公外婆一起生活，成了一名名副其实的留守儿童。如何开启小彤的心灵之门，还原一个健康快乐的她，成了困扰我内心的一个难题。

留守儿童多由爷爷奶奶或亲戚监护，他们在家庭教育上容易走两个极端：一是溺爱，各方面包办代替；二是对孩子不闻不问，或对孩子的不良行为采取放纵的态度，致使他们养成了不好的行为习惯。这导致留守儿童容易表现出两种倾向：一是自闭型，性格内向孤僻，不善与人交流；二是逆反型，暴躁冲动，情绪不稳定，自律能力差，逆反心理强。小彤属于典型的第一种倾向。

小彤长期不能和父母生活在一起，内心缺少关爱。作为班主任的我应该担任双重身份，既是老师又是父母，要经常关心她的身心变化与需求，让她在学校感受到家一样的温暖。我从以下几个方面帮助小彤感受爱的温暖。

一、有的放矢，增强信心

为了让小彤尽快从阴影中走出来，我在课堂上特别留意她，我故意提出对她来说比较有把握的问题，叫她起来回答，然后及时给予赞扬。经过几次提问后，她犹豫很久的小手终于举了起来。那一刻，我看到了她脸上的红晕像绽放的花儿般灿烂。课外，我有意识地让她帮老师做些力所能及的小事，让她感受到老师对她的信赖与喜爱。渐渐地，她的笑容多了，课堂上变得专注了，发言积极了，和同学的交往密切了……期末考试，她的成绩直线上升，一跃而名列前茅。

为了庆祝"五一"，学校要编排文艺节目。我为了培养小彤的自信心，有意将她送去参加。天气炎热，其他孩子练一会儿，休息一会儿。可她并不这样，而是利用休息的空当，反复练习每一个动作，直到老师满意为止。豆大的汗珠从她额上落下来，可她浑然不觉。终于，在文艺表演中，她优美的舞姿赢得了阵阵喝彩。与此同时，小彤作出了一个惊人的决定：放弃暑假去新疆和妈妈团聚的机会，留下来专门学舞蹈。老师不留痕迹的关爱让小彤信心倍增，她什么活动都想参加，演讲、舞蹈、绘画、作文等，她从不放过每一次锻炼自己的机会。

二、加强合作，促进沟通

留守儿童的教育不仅仅是家庭的责任，更是学校、社会的责任，需要各方力量全力配合。我通过小彤的爷爷奶奶找到了她妈妈的联系方式，通过电话、QQ或短信及时向小彤的妈妈反映孩子的情况，然后要求小彤的妈妈每周给孩子写封信，和小彤通一次电话。并且让小彤及时回信，汇报自己的生活学习情况。一来二往，小彤和妈妈的交流多了。父母的离异，曾经让小彤"怀恨"在心。但现在，她俨然成了妈妈的贴心小棉袄。有一次她在信中写道："妈妈，您要保重身体，别太累了。对于我，请您放心。你们虽不在我身边，但学校是我的避风港，老师就像对自己的孩子一样对我……"

沟通如丝丝春雨，滋润了孩子的心田；如徐徐春风，化解了孩子心中的疙瘩。

留守儿童的健康成长，关系到下一代的幸福和社会的稳定。留守儿童虽然各有各的性格，但存在的问题却有许多共性。我想，只要我们多点爱心，多点耐心，多点恒心，为留守儿童撑起一片爱的蓝天，他们将会演绎出更精彩的人生。

留守儿童家庭教育缺失是个亟待解决的社会问题。这主要是父母外出务工所致。家庭方面，父母即便外出，也应借助通信工具多与孩子交流互动，关心其学业与心理状况；同时可拜托家中长辈给予孩子积极正面的教导。学校应发挥更大作用，不仅要传授知识，还要注重品德培养和心理关怀，开展留守儿童关爱活动，给予他们家的温暖。社会要营造关爱留守儿童的氛围，提供更多公益项目，如志愿者定期陪伴、心理咨询服务等，多方面弥补留守儿童家庭教育的缺失。

后 记

教育是一项伟大的事业，而班主任则是这项事业中最为关键的推动者之一。在新时代教育的舞台上，班主任肩负着前所未有的重要使命与责任。

在探索新时代班主任必备素养的过程中，我深刻认识到，这不仅是对教育理论和实践经验的总结，更是对教育未来发展方向的一种展望。新时代的班主任，需具备多方面的素养，如扎实的专业知识，以便在教学中能够深入浅出地为学生传授知识；出色的组织管理能力，让班级事务井井有条，为学生创造良好的学习环境；敏锐的观察力和洞察力，能及时发现学生的问题与需求，给予他们恰当的引导和帮助；良好的沟通能力，与学生、家长和其他教师保持顺畅的交流，形成教育合力等。同时，新时代班主任还应不断提升自身的教育理念，关注教育领域的新趋势、新方法，将创新思维融入到班级管理和学生教育中，培养学生的创新精神和实践能力，以适应社会对创新人才的需求。此外，高尚的师德更是不可或缺，班主任要用自己的言行举止为学生树立榜样，用爱与责任去关心、教育每一位学生，让他们在温暖与鼓励中茁壮成长。

希望这本书能够为广大班主任提供一些有益的参考和启示，帮助他们在新时代的教育征程中，更好地提升自己的素养，履行班主任的职责，为培养德智体美劳全面发展的社会主义建设者和接班人贡献自己的力量。

本书在编写过程中，参考了大量的资料，听取了一线班主任的建议，结合自己带班的多年经验和智慧。全书由顾元胜策划、撰写、统稿，共三章六十九问 24.1 万字。本书的出版得到了甘肃省特级教师、教育部基础教育教学指导委员会委员、武威第九中学党总支书记曹生财、武威第十中学党总支书记邹立国、凉州区南园学校党总支书记黄永三位正高级教师的精心指导，教师聂爱荣、张平、白兴琳不仅为本书提供了很多真实生动的教育素材，还为本书的初稿修改倾注了大量心血。副主编顾元浒利用休息时间进行编写整理，完成 12 万字。副主编邹立国完成 6 万字。在此，对各位编委和同事一并表示真诚的谢意！